華志文化

華志文化

解脫的智慧

蘊蓄生命相關的智慧，
才會看見前面的坦途。

解脫是因為有繫縛，而繫縛要靠自我終極的去縛擔負，在歷事中折衝成長，最後才能得著實質的解脫。

當代人都在渴望尋求自在解脫，但在精神浩瀚的領域中，以常人一己能力難以理出自己的智慧方法與修持途徑。因此，希望讀者從本書中體悟到適度學習的答案，打開了一扇生命智慧之窗。我們在面對或應付事物時也有如爭鬥的苦況，自然就不妨據此而研思超卓的法則，既能有成就來自我安慰，又能減少人生的損耗，不啻是經驗可珍且餘情可感，而此去一路風光，再美好也不過。這總說是生命的解脫，而解脫則需要智慧。

周慶華 著

內容簡介

解脫是一種無繫縛狀態。而人不論是像佛那樣生死俱泯，還是成就仁聖美名或逍遙盛稱後放下，或是如神一般救治世界後隱去，不啻都處在那狀態中，這樣的人生也可以說已了無遺憾。但它需要相應的智慧，才能逐漸趨入。這種智慧，必須蘊蓄自對人情世事的通透練達，而能有效的自我超升後，實質的解脫才有機會朗現。至於解脫後還要再解脫，所需的智慧則更屬高檔。這些資源，是本書率先提供的，取用參鏡的人一旦上手了，前途就會一片光明。

序言

威爾斯民間流傳一則故事，說有交戰中的兩個國王下著棋，而他們的軍隊就在附近廝殺。每當某個國王吃掉一個子，信使就來通知另一個國王他失去了一員大將或一支精銳部隊。最後當某個國王「將死」對方，渾身是血的信使搖搖晃晃走來向敗北的國王稟報：「我軍大敗潰退，陛下已經失去了您的王國！」

這個故事所以奇特，在於它蘊涵著心電感應、神靈通使和戰爭遊戲化等創意訊息，而為其他文本所罕見。故事本身固然是略帶荒誕性質，但我們也不必追問那是如何可能的；反倒要為它所顯現「當場無硝煙」的生死對奕，致上幾分敬意，畢竟它已超出一般世事經營的太多。

就是因為有這類高明的決戰典範在列，所以我們在面對或應付事物時也有如爭鬥的苦況，自然就不妨據此而研思超卓的法則，既能有成就來自我安慰，又能減少人生的損耗，不啻是經驗可珍且餘情可感，而此去一路風光，再美好也不過。這總說是生命的解脫，而解脫則需要智慧。

對於解脫智慧的生成，不敢說沒有命定成分。但如果要把它全然歸諸命定，那麼人的主體潛能和力學奮進等現象就會無處掛搭，想必不是常理所能容受。好比范縝跟南齊竟陵王子良辯論因果所說的「人之生，譬如一樹花，同發一枝，俱一開蒂。隨風而墜，自有拂簾幌，墜於茵席之上；自有關籬牆，落於糞溷之側。墜茵席者，殿下是也；落糞溷者，下官是也。貴賤雖復殊途，因果竟在何處」，這表面是在反世俗因果論，實際卻是自己又製造了另一種因果論，命定觀依然濃厚。這種命定觀，一方面否定現世機遇晉身的可能性，另一方面也見棄了他世形勢翻轉的運會，都不算是好說詞。因此，講解脫，就得一併肯定我們能夠蘊蓄相關的智慧，才會看見前面的坦途。

從解脫計慮到實質解脫的歷程，在通達上遲速不一。識見佳的人，很快就能上路往前直奔；相對的，識見不佳的人，只好一再的等待而延誤契機。當中的關鍵，就在於自己能否分辨所要解脫的屬性，以及如何置身於眼前的環境和怎樣發用各種先備的經驗等，這些在在都會考驗著一個人是否有機緣走上解脱路。

有個故事說，一天黃昏，澳洲某處海灘，有位老先生拄著拐杖在散步，遇見一名小女孩。他看到她不斷撿起沙灘上的東西往海裏扔，不禁好奇地問：「小妹妹，你在打水漂嗎？」小女孩回答：「不是，我發現沙灘上有好多海星，擔心明天一早太陽出來，牠們會被曬死，所以把牠們送回海裏。」這位老人聽後，笑笑的說：「你別傻了。這條海岸有多長，海星有多少，憑你一個人怎麼可能救活所有的海星？」但小女孩並沒有理會，她又撿起一隻海星拋入海中，然後說：「我知道我不可能救活所有的海星，但我知道當我撿起這一隻海星丟進海裏的時候，我已經改變了牠的命運。」這很受一些熱中世道者的喜愛，將它引來鼓勵大家要向那名小女孩一樣當個社會的發光體。但我們看小女孩的行為卻有很多疑點：首先，海星爬上海灘，只是為了透氣，等漲潮牠們就會返回海底，根本不必為牠們的生死憂慮。其次，隨意撿起海星向海裏擲去，這不但剝奪牠們漫步遊逛的樂趣，還可能嚴重摔傷牠們。再次，當事人做了一件吃力不討好的事，卻自以為功德無量，倘若推擴開來大家紛紛稟此習性到處干涉世事，那麼所會橫遭強迫改變卻又頹敗不可收拾的情況一定不少。這都原是以一己私意輕易壞事的結果，豈能將它奉為圭臬而勤加仿效？

其實，這正是西方創造觀型文化所蘊不當成神解脫的演出縮影，渾然不知這世上還有東方緣起觀型文化所見體證佛和氣化觀型文化所見依仁合道的解脫形態，它們都不務此過度涉入或干預世道，比較可以緩和人間的衝突和對萬物的暴力支配。而這在當今全世界一體西化的畸形混亂關卡，更有待予以召喚來重整出發，以挽救生態和人命的危機。

此外，還有連帶的解脫智慧得隨著採取研練。它所分布要應驗的，包括克服死亡的憂慮、消除靈異妨生的恐懼、因應功名的引誘、善於對待錢財、了卻愛欲的煩惱、解開親情的困局、應對另類塵世急迫感、撥除靈療的迷霧、搬開全球化的絆腳石、解除最新的生態災難、有效應付知識的增加、跨世承擔倫理道德、昇華美感為解脫生命另一嶄向和熟悉解脫後還要再解脫等。這樣揉融勤快的行去，最後不著實解脫也很難。

我以一個困知勉行且略有心得者的身分，前包後夾的發踪細論相關解脫智慧的課題，用意也無非想看到紛亂如麻的世事能因大家的努力，匯集成果而逐漸使它秩序化；同時對於個別人的安身立命，也因有高格自理能耐而日漸昇華美化。因此，書的篇幅雖然不算長到可以再多統括一些旁衍的隱微課題，但關係生命解脫所該具有的智慧大體上已盡力備列了，無妨同好可以就近汲引參鏡，以便有利於自己人生的開展。

周慶華

目錄

目錄

目錄

目錄

目錄

第一篇：誰綁住你

有沙彌道信，年始十四，來禮師（僧璨）曰：「願和尚慈悲，乞與解脫法門。」師曰：「誰縛汝？」曰：「無人縛。」曰：「何更求解脫乎？」信於言下大悟。」（道原纂《景德傳燈錄》卷三）

01 解脫的前提

我們可以想像，一個人受到了脅迫或身陷險境，他一定會有逃離的念頭；而把一個人捆綁或投入牢籠，也可以確信他的脫困欲望會更為強烈，這些可能的狀況也就是前面那個求解縛故事的由來。

雖然如此，解縛在禪師那裏卻被當成是自惹的：自己繫縛自己，然後跑去求人解縛，矛盾不言可喻。因此，當他一反問，對方突然領悟原因所在，也就自動解除了困惑。而依此類推，當你問「如何是淨土」或「如何是涅槃」，禪師就會答以「誰垢汝」或「誰將生死與汝」，從而把一切迷亂歸諸問者一心的作用。但我們看，情況並不是可以這樣一概而論。

比如說，我們會生病、要為三餐勞碌、亟想出人頭地，甚至忙於應付天災地變人禍等，這種種身心的折騰和煎熬，倘若硬要說都是自己惹來的，那也很好辦，我們只要念頭一轉，痛苦煩惱就會消失於無形。但實情卻不是這麼簡單，我們的確要深陷在網罟中，不斷地嘗受各種凌礫波折，沒那麼容易單憑去除意念就化解得了。再說你可以全然無感無應，保持自我不迎不將的生命形態，但那是得由別人為你擔待才能夠的，痛苦煩惱都是家人或友朋在承受，這世間一樣會有無窮盡的困縛存在。

不過，話說回來，凡事自己有辦法調適得宜，再多的痛苦煩惱都可以排解，不然也會減到最低程度。這麼一來，解脫一事仍然要回到自我的心理能動上。於是這裏就有了一個雙前提式的邏輯：解脫是因為有繫縛，而繫縛要靠自我終極的去縛擔負，在歷事中折衝成長，最後才能得著實質的解脫。

02 去縛還需繫縛人

在這種情況下，提出「誰綁住你」的問題後所攸關解脫的思維就是：綁住你的可能是別人，也可能是自己；而不論如何，別人都無法幫你解脫，因為前者你已先有被別人綁住的條件，而後者實際綁住你的是自己，繫縛終究得回返來自我鬆綁。

如果嫌這一說詞有點費解，那麼不妨先來看兩個例子：一個是道原纂《景德傳燈錄》卷三所記載的，神光在以斷臂表示跟菩提達摩求法的決心後，師徒首度的問答：「光曰：『我心未寧，乞師與安。』師曰：『將心來與汝安。』光曰：『覓心了不可得。』師曰：『我與汝安心竟。』」另一個是宗寶編《六祖壇經．行由品》所記載的，六祖慧能在廣州法性寺遇到兩名僧人的爭論：「時有風吹旛動，一僧曰風動，一僧曰旛動，議論不已。慧能進曰：『不是風動，不是旛動，仁者心動。』」前者神光的困惑，來自有心思在攪亂；只要沒有了心思，也就沒有了困惑。而後者那兩名僧人的看物差異，也是有意識在感受；一旦沒有了意識，也就沒有風動旛動的問題。一切豈不都是自己一心的作用？顯然去縛畢竟還是有賴自我這一終極的繫縛人。

反過來，自己在一開始就能紓解而不處於繫縛狀態，那自然就無所謂解脫不解脫了。

好比傳說中日本禪師良寬的故事：有一天他所住茅廬遭到小偷光顧，為了憐憫對方一無所獲，順手將外衣脫下奉送；等對方倉皇離去後，他僅穿著單薄的內衣褲坐在屋外賞月，口中還有點惋惜的念著：「我要是也能把這美麗的月亮送給他就好了。」

像這種心裏沒有財物的牽掛，那財物的繫縛就不存在，理所當然也就毋須「應境」解脫了。可見只有自己才能真正的把一身的纏縛解開；並且也只有自己才能有效的不讓纏縛上身。

03 繫縛人的衍化

一般在還沒有認清這種事實狀況前，所謂的繫縛人未必是自己，也可能是別人、社會和歷史文化等；而這些外在因素，又會雜揉為體制、禮教和法規以及各種世學等，而成一大塵網在煩擾著每一個有感覺的人。也就是說，在現實中繫縛人已經衍化為同樣具繫縛力的體制、禮教和法規以及各種世學等類位格，而儼然為一擴大化的繫縛人，從中包圍著你我這樣單薄且無所逃遁的生命。只有當我們能夠穿透這張網羅，而抵達自我擺脫消解的終點，我們才是一個不有罣礙的自由人。

這說明了「去縛還需繫縛人」是最終必要配備的，只是在過程中它會先散化為類位格的繫縛力，而讓我們的解脫一事充斥著許多的變數。由此可知，一般禪師對徒眾所發「誰繫汝」的反詰，就略去了不少環節，徒然帶給不明究裏的人無端孳生莫名的疑惑。比如鳩摩羅什譯《首楞嚴三昧經》所說的「一切凡夫，憶想分別，顛倒取相，是故有縛。動念戲論，是故有縛。見聞覺知，是故有縛。此中實無縛者、解者。所以者何？諸法無縛，本解脫故。諸法無解，本無縛故。常解脫相，無有愚痴」，這就只顧著要截斷人的思慮，而絲毫沒有點明那會引發大家「憶想」、「動念」、「見聞」的緣故（不能纏來繞去盡說那都是自尋煩惱所致），以至當中的「空檔」還有勞讀者自行想像。

04 終極的困境

了解自我在終極的去縛前還有障礙存在，基本上有一個能「實在」看待解脫這件事的好處。

好比春秋時代所發生的「鄭伯克段於鄢」故事提到，鄭莊公的母親武姜和弟弟叔段聯合叛亂，被鄭莊公發兵擊潰，並將他的母親趕出王宮，同時發誓說不到黃泉不相見；但才過了一年，鄭莊公就後悔了，卻又因有誓言在先，不知如何是好，恰巧有潁考叔給他獻策，教他穿地道黃泉就可以相見，於是母子從新聚合。

看來鄭莊公所受「親情的困擾」一事是解脫了，但它卻不是緣於鄭莊公對該困擾的不在意或不思議，而是他終於認清關鍵在他有虧欠而得不到母愛（他的母親才會轉為支持弟弟），因此他必須主動示好來補憾，一切才可能圓滿收場。顯然此事不在當下的抑制念頭成功，它還有如何種下痛苦煩惱的因子要真切的察覺，然後設法予以去除，解脫方能如實完成。

這麼一來，我們怎麼會種下痛苦煩惱的因子，也就成了終極的困境所在。換句話說，解脫如果最終還是要由自己來承擔，那麼我們在不知不覺中或大意鑄下的錯漏憾恨，就得居於終極點上考驗著我們消解的能耐，而它始終都是一個無可取代的困境。因此，禪師們動不動就以「本無繫縛，是自我繫縛」一類的話頭來相警惕，不但忽略了人在「遇境忙亂」的真實情狀，而且還短於提供我們所需的解脫資源，終究不能「信以為真」而妨礙到自己找尋化解困境的途徑。

05 脫困需要智慧

所以這樣說，並不是要否定古來禪師所體會出的解脫法門（那裏面仍有甚多可以借鏡的理義），而是先試為分辨解脫事的複雜性，以便開啟後面所要接續的話題，畢竟相關的概念和實踐經驗都來自佛教的庫存，很難略過它而還能自我張論。

既然我們無法避免各種現實困境的折磨，那麼要解脫它們也就不能沒有智慧。而這智慧，在不計外力成全的前提下，是我們所得自行蘊蓄發用的對象。它相應的是脫困的需求，而需求不同該智慧的充實變異本事也得隨著強化。這是在「誰綁住你」開題後，一路論述下來的重要節點，後續所有的討論都從這裏系聯分衍。

第二篇：解脫是怎麼一回事

南海之帝為儵，北海之帝為忽，中央之帝為渾沌。儵與忽時相與遇於渾沌之地，渾沌待之甚善。儵與忽謀報渾沌之德，曰：「人皆有七竅，以視聽食息，此獨無有，嘗試鑿之。」日鑿一竅，七日而渾沌死。

（《莊子‧應帝王》）

01 無繫縛狀態

智慧是用來擺脫困擾，而回復到原先沒有困擾的樣子或可以在未來不被困擾作準備，這是解脫最基本的流程。倘若要沿用前章的說詞，那麼解脫一事總歸就是「無繫縛狀態」。這無繫縛狀態存在於時間流中，從起始到無限都得一致保持；否則就會中斷而從新陷入有繫縛狀態。就像上面那個故事所示的，渾沌本來是一渾然存在體而無繫縛的，但經過儵忽的鑿竅後，那麼無繫縛狀態就戛然停止而轉為有視聽食息的欲望負擔（渾沌死，代表無繫縛狀態消失了；而所存在有七竅此一繫縛狀態的，則為非渾沌）。

從另一個角度看，無繫縛狀態一旦出現，理應時間流就不復存在（呈一真空境界），但這種情況卻只能想像，不太可能成為事實，因為我們還在感覺那一無繫縛狀況，它只會隨著時間流而間歇浮現。

因此，所謂的無繫縛狀態，其實是相對的（它的對照系是有繫縛狀態）。

換句話說，只要我們有所感覺，一切的無繫縛狀態都源自有繫縛狀態的化解或不被繫縛前的無事察覺。這樣我們對於佛教向來喜歡盛稱「佛」或「涅槃」（無繫縛狀態）為絕對且不可思議一事，也就得「還它吊詭面目」而不合輕易苟同，畢竟大家在說和體驗佛或涅槃時已經是有所思議且為相對的了。

然而，為了一個相對存在的無繫縛狀態而勤於追求，究竟有什麼意義？這只能說除非時間終止了，不然我們都得在時間流中應物歷事，而不願被該應物歷事深纏或拖累的，就要想辦法把它排解到自己所能忍受或安適的階段，這時就姑且說我們是處在無繫縛狀態。

02 痛苦煩惱的總消除

上述說法，所要面對的詰問是「每個人所感覺的無繫縛狀態可能都不相同，又要如何告訴大家有一種解脫去除繫縛的學問」？這個問題能夠解決，當然也是相對的。但這並不表示它就沒有價值，畢竟「標月之指」的功能還是存在的。只要所說的合理性高且有實踐的可能，都應當廁入「可參鏡」的行列而受到重視。

相傳神祕蘇菲教派保存了一個怕蛇人的故事：有一天在山上休息時，有個人無意中說到「要留意我們先前碰到的毒蛇」。這一番話，破壞了這個人一天的心情。每次一有黑影閃過，他的身體就抽搐；他的頭不斷地轉來轉去，尋找蛇的蹤跡。那天晚上，那人回到漆黑的房間，正當摸索著電燈的開關時，看見地板上一條蜷曲的蛇正準備攻擊。由於他恐懼過度，竟然引起心臟病暴斃。隔天早上，清理房間的人發現那人死在地板上，身旁是一團繩索。

柏肯 (T. Burkan)《最高意志的修鍊》就轉述了這個故事，用意無非是要讀者別讓杯弓蛇影的幻覺擾亂心靈的平靜或意識的澄明。這就在相當程度上「理足義正」而難以反駁。而我們只要信服了它，就會學得不被成見制約而有相對脫困順心的實質感受；否則我們可能就會矇然於那一惶惑的情境，而無從生出自我調適的智慧，經常要被心魔所侵蝕噬嚙！所以構設一套相關解脫的論述，也是同樣的道理，它在可以「以理服人」後，緊接著「實踐的籲請」也就不必擔心會虛發了。

這在順著「無繫縛狀態」的解脫總綰理路上，還可以更具體的說，解脫就是「痛苦煩惱的總消除」。當中煩惱是痛苦的輕一級，可以由痛苦來統攝。而這在佛教的幾經掀揭，已經有生、老、病、死、愛別離、怨憎會、求不得和五陰盛等八種常見的痛苦；此外還有憂、悲、惱、怒、行、識……等百來種痛苦的細碎講法，似乎有要窮盡人間所見苦楚的態勢。這裏面更顯深沉的是，前章所拈出體制、禮教和法規以及各種世學等組成的網羅在束縛人的意志和行動，始終因掙脫不了而辛酸備嘗！因此，如果能够將這些痛苦煩惱加以消除，那麼它就是解脫的最高境界，也是我們身為人所能「成就自我」的極境表現。

03 在境中起作用

話是這樣說，但我們也得知道，解脫的出現並不是在暗示什麼都沒有了，而是僅僅徵候著所沾惹痛苦煩惱的化解。以至回到解脫的起點，它一定有造成我們需要解脫的緣由；而就因著對該緣由的徹底認知，終而將它排除，一個無繫縛狀態就形成了。因為造成痛苦煩惱的緣由總是在情境中發生，所以解脫本身自然也就「在境中起作用」，致使所有的應變取徑都得從這裏著眼。

所謂「在境中起作用」，是指痛苦煩惱的生成不是內爆就是外轟，而它都有相應的情境（內爆的是心境；外轟的是域境），因此解脫就是針對它而發。至於心境和域境會構成辯證的關係，那就不言可喻了（也就是心境會影響域境的形成，而域境也會影響心境的深化）。了解這一點後，我們就會看出原來佛教常對人說域境都是心識的變現而沒有獨立性（如「三界唯心，萬法唯識」之類），不啻少掉了一大環節：也就是我們得先有對域境的反應能力，才會進一步決定要不要把心識投射在那上面。這中間有著微妙的變化，不是單執一端就能夠說明清楚。

這表明了有境才有解脫，無境就無從解脫，所以我們也不可能「空想解脫」。縱是如此，平常多儲備或模擬解脫的經驗，仍然有可能在「應境解脫」上展現威力。舉個例子：孔子和宰我的師生關係一直欠佳。一方面，宰我老是喜歡質疑老師的講法、給老師出難題；另一方面，孔子也不客氣的明責暗斥宰我失態，甚至在宰我於課堂上打瞌睡時痛罵他「朽木不可雕」（這尤其讓人覺得孔子不免「遷怒」太過，有失身分）。顯然他們都面臨了「沒有好緣會」的困境，如果想化解僵局，那麼辦法大概就是宰我自行轉移挑戰權威的心理，另闢好勝邀譽的途徑；而孔子則以不理會或寬容的方式因應對方的不受教，逐漸淡化胸中的怨嗟，雙雙才能從不利自己的情境中超脫。對於這件事，在當事人未能如實演出的，我們看在眼裏就得引以為戒，以便日後萬一臨場了才知道怎麼紓解得宜。

04 沒有最後的極境

在境上解脫的另一層意義是，舊境已了，新境又生，還要再行解脫，以至境境相續而解脫也沒有了時。這是解脫在境上起作用的必然結果，也是我們要實地「成就自我」所無法漠視的宿命。任何想認清解脫面目且希冀從中獲益的人，都得將它納入經驗資料庫，沉澱為一項隨時可以對勘的真理。

以病痛來說，我們想要予以解除，可以有忍痛至無痛、醫病而無痛和不使病痛等多種方式。而這在光譜上，又自然形成從「低級解脫」到「中級解脫」再到「高級解脫」的漸趨系列，看似規整合轍「模式」化極了。但這最高解脫的「不使病痛」本身，卻又成了我們痛苦煩惱的根源（其他兩種解脫的情況也相仿）。也就是說，「不使病痛」是要透過諸般養身和修鍊的便巧法門才能臻致的，而在這個過程中我們就已經陷入許多附加壓力的漩渦中，每一次第的超越都是在誘發下個階段的超越，沒有所謂一解脫就永遠解脫的問題。

可見解脫的最後極境是不可能出現的，而我們也不當耽溺在那不切實際欲求的幻想中。換句話說，解脫要從境上去起作用，而境境相續，解脫也就沒有最後的結果可以想像。因此，只要我們的經驗資料庫有這類存檔，走在解脫這條路上就會顯得比較雍容自在，甚至還會有點姿態曼妙可以供人品賞呢！

05 直到生死了結

那麼解脫是不是也該有一個權設停止點?不然我就不好繼續聯想解脫要到什麼時候才「通透見巧」,畢竟我們都有一個無法擺脫的「命限」。正是這個命限的存在,使得我們在思考解脫這件事上必須有心理準備:解脫的作為終究要設定一個層次,才能顯出它深刻的意義。

從理論上設定解脫的停止點以見它的「通透見巧」特徵,這全為了有命限這個前提在警告我們,思慮不能任它跑野馬而無所旨歸。這樣接著我們所能規模的解脫道路,就可以擬議到了生脫死這個不便再逾越的特定點上。因為了生脫死已是「直到生死了結」這一意識經驗的臨界點了,所以我們也不大可能再行設想有生死以外可解脫或需要解脫的事務;既然誰也不敢保證自己有辦法想及那一高超經驗的對象,那麼不如就到「能了生脫死」這個可思議點上。

第三篇：解脫的智慧從那裏來

昔有一人，有二百五十頭牛，常驅逐水草，隨時餧食。時有一虎，噉食一牛。爾時牛主，即作是言：「已失一牛，俱不全足，用是牛為？」即便驅至深坑高岸，排著坑底，盡皆殺之。（求那毘地譯《百喻經》卷二）

01 智慧的特徵

解脫所彰顯的無繫縛狀態，是痛苦煩惱的總消除；而它所需要的智慧，則以能夠消除痛苦煩惱為準的。但由於該無繫縛狀態僅是相對的存在，所以相關解脫的智慧在消除痛苦煩惱上也就無從絕對化。

這樣相對可能的智慧，在蘊蓄發用上自然就會有足夠相對性的具體特徵。好比前面那個故事所隱含的反面情況：養牛人為了少掉一頭牛而坑殺其他二百四十九頭牛，表面上好像解決了他不能圓滿整數的困擾，但實際上這可以直接採用補充一頭牛的方式來達到目的，而他卻渾然不知有此一便捷途徑，以至白白錯失了在相對上有更好的化解辦法。可見解脫的智慧有本末先後或輕重緩急的持續甄辨本事，也就是該智慧的第一重特徵。

我們換個角度看，故事中的養牛人僵化的固守著「一失全失」的觀念，用二百四十九頭活牛去陪葬一頭死牛，顯然他沒有學習到所謂「變通」的策略，才會因小失大而徒然賠掉一切。因此，倘若說解脫的智慧在第一重特徵後難免還有餘韻，那麼該餘韻就是透過累進或變異對策而磨銳消除痛苦煩惱的能耐。這就是解脫的智慧的第二重特徵。

02 稟靈時就局部內具

知道解脫的智慧具有甄辨本末先後或輕重緩急的本事和透過累進或變異對策磨銳消除痛苦煩惱的能耐等雙重特徵後，接著有關該智慧究竟是怎麼產生的，則又成了我們所該一併了解的事。以上述故事中的養牛人為例，他原被撰寫《百喻經》的人用來譬喻愚夫的行為，當然是無緣參與相關來由的「運作」的，但在他身上所見的「大有匱缺」樣卻可以作為我們尋思解脫智慧源頭的一個起點。

有個反向卻屬同類型的故事說到，古希臘時代的亞歷山大大帝（Alexander the Great），當他率大軍佔領北印度時，曾經問一羣耆那教哲學家為什麼對他這個偉大的征服者視而不見，有一名叫阿里安（Arrian）的回答他：「亞歷山大大王，每個人能夠佔有的土地，就是自己腳下所踩的範圍。你和我們一樣是凡人，只不過你總是忙著為非作歹，千里跋涉遠離家鄉，勞累自己也煩擾他人……不久你也會死，到時候你擁有的土地，也不過就是用來埋葬你的那一小座墳墓！」只可惜對方終身不悟，致使他所征服的大半個世界反成了世人數落他的最大罪狀。他原是要藉軍事的成功以擺脫留名的焦慮，最後卻被別人不屑的回應所圍困，這跟那養牛人逕自賠光財產有什麼兩樣？因此，我們應該想到這些解脫無方的人，可能生來沒有好的天賦，才會在應物歷事上一敗塗地。

據此可以推測，在相當程度上解脫的智慧自從人稟靈時就局部內具了。雖然我們不知道該稟靈是怎麼可能的（照西方一神教的講法，該稟靈是人受造時上帝所賜予的；而照中國傳統儒道兩家的講法，該稟靈則是精氣化生的；而照印度佛教的講法，該稟靈又是因緣和合的，彼此不但互不相侔，而且又都無從溯源求證），但因為人都有意識知能表現，於是可以間接肯定這是人生來就多少具備的。只不過凡事顯得聰明伶俐的人，可能秉賦多一點；而凡事顯得愚蠢笨拙的人，可能秉賦少一點。但不論如何，在推測解脫智慧的來由時，都不好否定人已先稟靈局部內具這個論點；否則緊接著有關紹續

發用的言說就會沒有地方掛搭。

03 自我強學和歷事促發

能夠完成實質解脫的智慧，在佛教那裏把它提升到所有意識知能中最優勝的地位，並且要能進入無分別的成佛境界才算實際證得。這自有思議和踐行上的難度（詳見前章），但它所點出的該智慧（般若）得從自我修證中發覺一項，卻可以引發我們想及光靠天賦仍不足以圓滿解脫，還要經由自我強學和歷事促發來轉益摶就。

當中自我強學，涉及讀書備理；而歷事促發，則攸關經驗能證，都是為了讓稟靈時局部內具的解脫智慧更具威力。這也就是古來思想家普遍勸學和修行者勤於示參的旨意所在。如韓愈〈師說〉所強調的仿效「古之聖人，其出人也遠矣，猶且從師而問焉」，以及眾禪籍所記載的參話頭「庭前柏樹子」、「麻三斤」和「乾屎橛」等（都是禪師藉以阻斷學人起心動念），無不將這些道理活脫含蘊了。

尤其是歷事促發部分，根據前章所述，解脫是在事上進行，所以多經歷世事以為印證所學或別出新裁，不啻就是解脫路上能多顯光華的一大助緣。畢竟自我強學不慎，可能流於紙上談兵；而兀自耽於天賦，也很容易固陋閉塞，遠不如歷事促發足夠濟窮竣功，以至它就略有總攝實質境上解脫諸動能的作用。

04 關鍵處有外力協助

與生俱來的秉賦，加上自我強學和歷事促發等，這應該可以確保解脫智慧的來處而無遺漏了。此外，倘若還有變數存在，那麼它大概就是非人力所能掌控的命運在中間軋了一角。

中外歷史上所見這種命中註定會在關鍵處有外力協助人解脫困境的例子，比比皆是。如奧斯特里茲戰役前夕，奧地利和俄國的將軍們在一番審慎的評估後，都相信拿破崙將會失敗，因為他的兵力少且經過長途勞累跋涉。但在正式接戰奧俄聯軍試圖包圍拿破崙的軍隊時，卻突然聚來一陣濃霧，阻斷他們的視野，全軍都迷了路；只有拿破崙陣營不受影響，還不斷尋隙破壞對方的防禦系統，終至獲勝而扭轉整個戰場局勢。

如果他們所信仰的上帝也有私心的話，那麼祂對這場戰役顯然早就選擇站在拿破崙這一邊，才會有那樣逆轉勝的演出。

又如楚漢相爭初期，劉邦屢屢為項羽所困，卻都能僥倖脫險。當中最離奇的要數彭城戰役那一次，項羽所率三萬精兵把劉邦所率五十萬諸侯兵殺到血流成河，最後只剩幾十個騎兵連劉邦被項羽的軍隊圍了三圈，眼看必死無疑了；不料這時卻忽然颳起強風，發屋折木，飛沙走石，把西北角的人牆衝散了，劉邦就乘機從那個缺口逃走。很明顯的，這不是憑智謀，也不是對方故意放水，而是全然天助劉邦的關係。所以項羽後來連連受挫而自刎於烏江畔，才會大為感嘆「此天亡我，非戰之罪也」！

05 不斷調適精進

固然解脫的智慧有來自他力和自力，但有關他力的部分卻是可遇不可求（即使你虔敬禮拜神明或強為呼喚助緣，也未必有效），到頭來還是要靠自己再把先天賦性和後天努力予以「刮垢磨光」，以為進入第二階段的解脫智慧的儲備。也就是說，透過不斷地調適精進，會讓解脫的智慧更知所發用見效。

至於如何的調適精進，依經驗則有「唯變所適」和「唯適所變」兩個途徑。前者是《易繫辭傳》的教示，指人得注意外在環境的變化而採取因應的措施；而後者則是我個人的體驗心得，意味著大家不妨更進一步的改造已經停滯或失序惡化的外在環境。這些在自己小我的解脫和社會大我的一併解脫上，都有待高度統觀且充足的智慧來致用成就。

第四篇：不同文化系統的解脫進路

（上帝所造的亞當和夏娃，因為受蛇引誘偷吃禁果而被逐出伊甸園，上帝分別給他們懲罰）上帝對女人說：「我必多多加增你懷胎的苦楚……」又對亞當說：「……你必終身勞苦才能從地裏得吃的。地必給你長出荊棘和蒺藜來；你也要吃田間的菜蔬。你必汗流滿面才得餬口，直到你歸了土，因為你是從土而出的。你本是塵土，仍要歸於塵土。」（《舊約聖經‧創世紀》）

01 現存三大文化系統

同樣的，知道解脫的智慧從那裏後，我們還得再行思考解脫是否所有人都一體適用。對於這一點，我不敢說大家的解脫需要是一致的，也不敢說沒有人不想解脫或根本缺乏解脫的意識，只能從大的方面來指出相異文化系統中的人確有不同的解脫訴求；而這不同的解脫訴求，就構成了我們並世必須體諒或對勘的情況。換句話說，只要活在還有其他文化系統人存在的世界，我們就得試著去了解大家的解脫需求，以便能夠更深認識自己，以及有助於跟他人互動和找尋共存共榮的良方。

就像上面那個故事所示的，人受造不聽命而被貶謫到塵世的悲哀，鐵定只有信仰單一神的人才會遭遇，其他信仰泛神或無所信仰神的人就不可能感受到它的嚴重性。後者是說，當你相信自己的祖先犯了過錯而有原罪意識後，接著所會想到的就是設法懺罪而獲得救贖，最後期盼死後能夠重回天國。這也就是古希伯來宗教所繁衍出來的基督教，在向西方世界傳播且取得掌控權的過程中，所執著於給它的信徒最重要的訓示。

相對的，其他沒有這種單一神信仰的地區，就不會發展出類似的犯罪／贖罪的觀念及其相應的解脫行為。顯然解脫訴求在不同文化系統裏是有差別的；而這依可考察的，世界現存的文化有創造觀型、緣起觀型和氣化觀型等三大系統，它們各有自己的解脫進路。

02 創造觀型文化重在成神

西方創造觀型文化的定型化，是從西方人深信一個具有創造宇宙萬物能力的上帝開始的；而內蘊的除罪意識，又是因為基督教興起而強將上帝所造第一批人的抗命視為不可饒恕的罪惡，此後該罪惡就代代相傳而成了信徒們必要懺悔乞赦的對象。

根據《新約聖經．羅馬書》的記載，這條尋求救贖的道路已經被規畫好了：「罪是從一人（指亞當）入了世界，死又是從罪來的。於是死就臨到眾人，因為眾人都犯了罪」、「因為世人都犯了罪，虧缺了神的榮耀；如今卻蒙神的恩典，因基督耶穌的救贖，就白白地稱義」。因此，對於一個基督教徒來說，既然人早已沉淪於罪海，那麼他的生命最大目的就是企求上帝的寬恕，努力超脫罪海而獲得永生。但這只是基本的懺罪意識的顯現而已，在基督教徒忙於找尋得救途徑的過程中，他們還發現光是懺悔或禱告並不保證可以蒙受上帝的赦免，必須要有世事的成功或特殊表現才足以作為贖罪的憑藉。而這經過許多人的相互標榜，就逐漸演變成在塵世創立民主制度和發展科學第一類自我顯價的志業。特別是科學成就，它儼然已被視為是印證上帝英明且最終可以媲美上帝的不二選項。就像牛頓（I. Newton）曾有過的驚嘆：「啊，上帝，我們是在思考你的思考！」這不就顯示了西方人亟於搶當神的急切心情麼！

一樣根源於古希伯來宗教的猶太教和伊斯蘭教等一神教，在它們流傳的中東地區並未將受造者的過錯明訂為人的原罪，所以那一講究權力制衡而避免罪惡蔓延的民主制度就不予崇尚；而發展科學是為了優先獲得救贖渴盼超越同類的情結，也不是它們的教義所准許的，以至從來就跟西方世界分道揚鑣在過生活。由此可知，只有信守原罪觀念的西方人，才會把贖罪當作生命的出口；而如果能夠的話還想晉身為上帝第二。這樣創造型文化所範型的終極解脫，無異就在於「成神」。

03 緣起觀型文化為了體證佛

再來是印度佛教所發展成的緣起觀型文化。它預設了宇宙萬物都是因緣和合的（不信有第一因，也不窮究什麼最後因），所以宇宙萬物統統沒有實在性；而人只要能透視此一道理而不反向執著所有的存在物，他就可以免除來自該執著誤己所引發的種種痛苦煩惱。這就是它所強調「逆緣起」解脫的一貫旨意，也是相較其他文化系統來說最顯殊異的地方。

不過，由於緣起觀型文化又預設了解脫的極境「體證佛」，它的難度有如登天，使得信守者在無從倖至的情況下徒然冒出一些不必要的困惑。好比有個發生在印度的故事：

一位初次到來的禪修者，無緣無故渾身長滿頑癬且眾藥罔效，被朋友送往噶倫堡的一家基督教牧師創辦的第一流醫院去治療。才過了一星期，他就忍不住那邊的氣氛而大聲咆哮著：「西洋文化真是騙人！騙人！全部騙人！」朋友問道：「這是怎麼回事，這家醫院有那一點不好，竟使你認為西洋文化是騙人的？」他說：「你看，這醫院裏想盡辦法在粉飾人生的痛苦和醜陋，護士小姐一個個都那麼漂亮乾淨，每天給你換新床單、送鮮花、搞這一套！我本來以為醫院裏一定有很多疾病呻吟的苦況，可以趁此機會好好的直接觀察一下苦聖諦；卻不料，到此地以後，什麼苦都看不到，他們剝奪了我觀察苦聖諦的大好機會，想盡一切辦法來掩飾人生的苦痛，所以全是騙人！騙人！」

這就是執著於自己所認定的道理而引生無謂痛苦煩惱的典型例子。而藉此也可以反觀，想成神的解脫方式和想體證佛的解脫方式是不可同日而語的，任何想要跨域發言或探究的人都得先有一番甄辨，才不致離譜而以鬧笑話收場。

04 氣化觀型文化歸結於依仁合道

至於中國傳統氣化觀型文化所示的解脫進路，則又迴異於前二者。它以精氣化生宇宙萬物為第一級序的世界觀，然後繁衍出「依仁合道」的倫理準則，並以此作為在世解脫的終極依據。當中合道部分，是說宇宙萬物既是自然氣化而有的，那麼人就必須體認這一「自然之道」，而得有「隨順自然」的相應行為。這也就是道家所極力主張的，而事實上也影響了古來甚多人士在勉力踐行著。只是人的團夥為生性（緣於氣聚的類比取則），不能僅靠這種自顧自的作法就可以安頓，它還要仰賴一些人際黏合劑來讓它秩序化，因此有儒家出來倡議「己欲立而立人，己欲達而達人」的仁道，冀以有效的經營現世生活，而免於爭奪、妒害和脫序等困擾。如果說道家的合道作為是在「安身」，那麼儒家的依仁作為就可以說是「立命」了。而不論如何，這都是同為氣化觀所內蘊，表面的分歧並無妨於實質的相通（也就是生活於此一文化系統中的人隨時都可以變換身分，或者耽於一邊以自適）。

姑且以歷來備受關注的依仁解脫事為例，它的被高度期待實踐的理想性始終是存在的。正如古代有兩個故事，至今大家都還津津樂道：

一個是齊國宰相晏嬰，為他駕車的僕役，有一天妻子吵著要離婚。原因是她暗中觀察丈夫的行為，發現人家晏嬰長不滿六尺，身相齊國，名顯諸侯，不但沒有傲氣，還顯得志念深沉，且不時以謙恭待人；反觀自己的丈夫長八尺，也只不過是個車伕，卻反而志得意滿，一副不可一世的樣子，這讓她感到羞愧難當，所以想要求去。經過妻子這一番數落，做丈夫的有了省悟，從此態度收斂許多。晏嬰察覺有異，一問才知是這麼一回事，而為了讓他在妻子面前抬得起頭來，就推薦他去當「大夫」的官。

另一個是魯國宰相公儀休，有人知道他喜歡吃魚，就送魚給他，但遭到他退還。他所持的理由是：「今天我當宰相，有能力自己買魚；那天我被罷免了，沒有錢買魚，誰又能給我魚吃？」此外，他吃到家人種的菜有美味，就一口氣把園中的菜拔出丟棄；而看見家婦織的布很美觀，也將整臺織布機加以焚毀。他認為當官人家都自給自足，那廣大的農士工女生產的貨品要賣誰？

上述一個體恤部屬而能獲得僚佐的忠心扈從，一個不與民爭利而能受到百姓的真誠信服，都是善於推己及人而沒有掣肘和怨嗟搗亂等後顧之憂的好表現。而所謂營造好人際關係的依仁解脫形態，不就盡在此中展演了嗎？

05 終極關懷的現時意義較量

成神，可以讓創造觀型文化中的人有「不失上帝造人美意」解脫的欣慰感；而體證佛和依仁合道，也可以使緣起觀型文化中的人和氣化觀型文化中的人分別領受到「逆緣起」解脫和「反倒懸」解脫的暢快感，這充分顯示了世界現存三大文化系統所模塑的解脫進路是分轡異驅的。

縱是如此，它們各自在引領信守者修為和晉身的過程中，卻由於留在世上的終極關懷到了當今社會多有異化現象，實在有必要再作一番評估，以確保大家在共存共榮的要求上不會因為有人壞事而導致整體大局的崩盤。

對於這一點，後面相關的章節會陸續討論，這裏只先點出：為了成神而解脫那一系，不斷展現出「挑戰自然／媲美上帝」的力道，連帶鼓動起其他二系盲目的尾隨，早已把地球搞得千瘡百孔，如今所見舉世資源枯竭、環境惡化、生態失衡、溫室效應、臭氧層破洞和核武恐怖等後遺症，全是它所造成的；以至再不將能趨疲（熵，entropy）危機當作最為迫切要解決的問題，恐怕大禍就得臨頭了。這時原不致對人類造成負擔的另二系，它們所崇尚的「自證涅槃／解脫痛苦」和「縮結人情／諧和自然」等終極關懷，應該從被壓抑和自我退卻中從新奮起來發揮鎮守的作用，庶幾可以延緩地球大毀滅絕境的到來。

第五篇：相關智慧發用在那些地方

孟子謂齊宣王曰：「王之臣，有託其妻子於其友，而之楚遊者。比其反也，則凍餒其妻子。則如之何？」王曰：「棄之。」曰：「士師不能治士，則如之何？」王曰：「已之。」曰：「四境之內不治，則如之何？」王顧左右而言他。（《孟子．梁惠王》）

01 應時切事

所儲備的相關智慧，自然得在遭困而需要解脫時發用；否則予以閒置或徒然讓它流失，不但大為辜負天賦，還會枉費畢生的強學，甚至連外力都可能失望遠離而任由你孤立無助。好比前面那個故事所徵候的，齊宣王很明顯已經遇到了敗德失政的煩惱，而得力圖革新或請益高明來解套，但他卻抱著鴕鳥心態在矇混，後續上下更為離心離德的下場可想而知。

正因為世上有太多這類冥頑不靈的人在作「不良的示範」，所以我們的精明機警就得及早顯露，以便可以脫離闇昧一族。而這所得優先掌握的理則，就是「應時切事」。所謂應時，是指解脫的智慧要在緊要關頭上使力；而所謂切事，則是指解脫的智慧必須對症下藥而不留遺憾。反過來，錯過了時機或用偏了方法，就會徒增「懊悔」的苦惱或「重來」的麻煩。

02 包山包海無所不可

應時切事的智慧發用原則，所保障的是解脫一事的有效性，倘若還要論到可施及的範圍，那麼這就不好再作限定，畢竟人會經歷的事物太多，而可能的受困縛也不可逆料，稍有疏忽就會因應不及而陷入心餘力絀的焦灼中。

基於這個前提，我們無妨把解脫智慧的發用視為無限制成就，而准許它「包山包海」後再給一個「無所不可」的憑證。這不是有意誇大自吹，而是「理有必然而勢不可免」。我們看莎士比亞（W. Shakespeare）戲劇《李爾王》著錄了這麼一段對白：「骨肉至親，翻臉無情；朋友絕交；兄弟成了冤家；城裏騷動；鄉下發生衝突；宮廷裏潛伏著叛逆；父子關係出現了裂痕……從前那種好日子過完啦！現在是天下大亂，陰謀、虛偽、奸詐，要把我們一直送進墳墓，再沒有一個太平！」人間的至悲事莫過於此，試問有誰能夠不使身陷其中的脫困對策廣發遍施？

再看《列子・楊朱》所論斷的現象：「百年壽之大齊，得百年者，千無一焉。設有一者，孩抱以逮昏老，幾居其半矣。夜眠之所弭，晝覺之所遺，又幾居其半矣。痛疾哀苦，亡失憂懼，又幾居其半矣……乃復為刑賞之所禁勸，名法之所進退，遑遑爾競一時之虛譽，規死後之餘榮……重囚纍梏，何以異哉？」這般自我囚禁於年限日蹙、痛疾亡失和虛譽餘榮等牢獄裏，則又是另一種哀淒，也試問又有誰能夠遇著而不將預留餘地的安後謀略環繞出擊？

可見解脫智慧的發用對象包山包海無所不可，並非虛擬，而是「你就是會無預警的面臨」。也因為這樣，所以我們的「心理準備」，就得在一旦挑戰出現時「便要勇於迎上前去」。凡是畏縮怯戰的，就算再有智慧，也無從翻轉變成前述任何一種解脫型的角色。

03 列一張清單

法顯譯《大般涅槃經》卷十五有個「毒箭」譬喻說到：有人被毒箭射傷，家人要送他去找醫師拔箭，卻遭他反對，因為他想查清楚箭是誰射的，它的材質是什麼做的，而該毒素又是來自何處。結果沒等他把這些事搞清楚前，他就毒發身亡了。這是釋迦牟尼在面對徒弟鬘童子提出「世界是否有限」、「靈肉是否合一」和「聖者死後是否還存在」等一系列問題時所給予的回應，意思是要對方以修行為要，別胡思亂想一些不可能有答案的問題，否則到死都還會糾纏不清。

整體看來，這似乎很順理成章，宛如給了鬘童子當頭一棒，讓他知所進趨。然而，深入想，卻又覺得它的啓教作用實在有限。理由是這件事有兩面性，當你不去思及其他而光顧著眼前的利害時，就只有一種選擇；反過來你連其他問題都一併了然於胸，那此時勢必更有能力辨識應變的向度。好比上

述那故事，如果中箭者多知道一點有關毒箭的歷史知識，那麼他就會尋覓較好的療傷辦法，而不致於病急亂投醫，造成冤死或更早喪命的悲劇。

緣此一思路，我們想要使解脫的發用得當，無妨列一張清單備查，以便逢著難纏問題時可以很快的檢索判定因應的方式。正如本書所示範的，全部章節就是一個解脫智慧的資料庫；而這經由我的論述充實後，大家來借鏡就形同擁有一份嶄新的備忘錄，省去自我點檢羅列的辛勞。至於爾後大家從這裏得著刺激而另有計慮，列出的清單更能適合自己所用，那又是我所衷心期盼的。換句話說，列清單只是為了確保解脫智慧發用的效率，不必連同特定人所出示的經驗談一起定印；而在我來說，反倒希望大家都能夠有所感發而及早走上自己的解脫路，才是活化了我著述的初衷。

04 從檢核中突進

開列清單的應急策略，在原則上有優先順序和與時推移增補或汰換的空間，不宜「蕪菁皆可」，也難奢望「一應俱全」。因此，以我所體驗的為例，暫且就現階段大家共處同一時空所會遇到的麻煩而需要運用智慧來化解的，略舉十五項予以發凡。

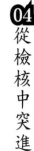

由於後面各章節將要詳論，所以這裏就只列出條目，以供覽先和概了全局。它包括終極的了生脫死如何何能、克服死亡的憂慮、消除靈異妨生的恐懼、怎樣因應功名的引誘、對待錢財的方式、愛欲的煩惱如何了卻、解開親情的困局、另類塵世急迫感的應對、撥除靈療的迷霧、搬開全球化的絆腳石、生態災難是最新的解除對象、知識增加時的態度、倫理道德的跨世承擔、昇華美感為解脫生命的另一蘄向和解脫後的解脫智慧等。

以上各條目，凡是涉及較為開放的課題，就以「如何可能」或「怎樣因應」或「如何了卻」字眼冒續；而其餘可提供明確參考意見的，則直接顯示於題意。此外，最後一項是屬於後設闡發，目的在暗示解脫智慧運用的無所止境。有心人根據這份清單，他就可以援為自我檢驗解脫的趨向，進而參實善悟，以至於突破各種障礙而超絕自在的過活。

05 錯失可以從新出發

將相關智慧可發用在那些地方權列一清單，而方便自己對勘從檢驗中突進，這是單向的歷程。倘若有需要，還可以迴環修正再出發。例如宗紹編《無門關》所收錄的一個故事：

有一野狐化身的老人常來聽懷海禪師說法，某日事畢卻遲遲不去。禪師問他是何人，他說過去古佛時曾在百丈山修行，後有學僧問及「大修行人還落因果麼」，而他答以「不落因果」，因此一語就使他五百世墮在野狐身。他希望今天禪師可以給個轉語，以便能擺脫野狐身。於是他就以同樣問題詢問，禪師回答說「不昧因果」。此話一出，老人頓時大悟，立刻辭去。隔天，禪師領了眾人到山後岩洞內，以杖挑出一野狐死屍，依禮予以火葬。想必那個老人早已有一張智慧發用處的清單在身，才會從初次思慮受挫後就一直念著要回返調整方向，以至在機會成熟時終於見效，而化解了長久存在的困擾。

舉這個例子，是為了說明偶有錯失，並非什麼大不了的事；只要知道改弦易轍，一樣可以再行前進。至於這種前進，基本上是跟「無限上修」的配備一起，那就不言可喻了。好比上述該名老人，他如果發現「無所謂因果」的答語才是最為高明時，理應會再度的取徑而心無罣礙。因為「不落因果」是正念，而「不昧因果」是反念，都帶有較量性而不夠究意，只有止念的「無所謂因果」才能進入極境。而依此類推，所有解脫的案例經過無限上修後，都可以更顯精妙奇絕，而讓應身受用無窮。

第六篇：終極的了生脫死如何可能

楚人既咎子蘭以勸懷王入秦而不反也……令尹子蘭聞之，大怒，卒使上官大夫短屈原於頃襄王，頃襄王怒而遷之。屈原至於江濱，被髮行吟澤畔，顏色憔悴，形容枯槁……於是懷石，遂自投汨羅以死。（司馬遷《史記．屈原賈生列傳》）

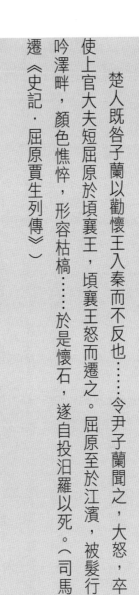

01 問題的起點

解決了纏縛的存有、解脫的需求、智慧的緣生、異文化系統的解脫進路和相關智慧的發用流程等譜系式的問題後，就要依次展開現階段我們所需要運用智慧來解脫實際困境的論述。這些實際困境，以前章所開出的清單為準的，那是我個人從衡酌古今和曠觀寰宇等感懷見識中選列的，它的可以任由評比自不必多說；但內裏所有為惕勵淑世的用心，盼望也能獲得大家的解會，一起來實現不再有自孳或外附繫縛妨生的理想。而這以解脫的迫切性來說，「了生脫死」一事無妨列在最優位。

就像上面那個故事所暗示的，「失志自殺」並不是生來就規畫好的，但遇到了抉擇關卡究竟要不要讓它成真，就看那是不是最好的解脫方式。依實情來判斷，屈原如果不是過於忠愛舊君楚懷王而無意中犯了新君楚頃襄王的忌諱，那麼他也不致會被流放；而流放雖然已成事實，但也不一定要憂到沈江尋死，這中間應該還有「很大的空間」可以斟酌。相對的，類似項羽的自刎身亡，就不便給予解勸改向，畢竟他的事功已經一敗塗地，勉強逃逸苟活，不但無緣見江東父老，而且還會遭到鋪天蓋地的搜索追殺，很可能連累許多無辜百姓。因此，項羽一人擔起敗戰的責任，以悲壯死換取「蓋世英名」供人緬懷憑悼，無疑就是最佳的選擇（總比屈原徒留唏噓聲在世間好得多）。而由此可見，生死關隘確是我們終身最感麻渣且難以從容面對的，誠然得列為首要去縛對象。

02 真正的終極難以想像

把了生脫死視為第一要務，只是一個比較簡單的觀念提領，它的繁難處還在具體的實踐上。也就是說，了生脫死從起點到終點要怎樣落實，以及如何保證能夠走到所設定的那個邊界，這恐怕是我們還不到終極解脫前，優先要加以排除的心理困擾。

照理我們都離不開自己所隸屬文化傳統的制約，所有關於生命的定位和利害取捨等，無不要藉它來準繩（縱使有能力跨文化系統的人，他最後自我的落葉歸根和他人的蓋棺論定等，也都難以不回到他的來處去衡量裁奪）。而這在第四篇比較解脫進路的系統差異時，已經有所點明各人得按圖索驥找到理該應驗在身的方向，也就是成神或體證佛或依仁合道，總得擇一而從。問題是想成神或體證佛或依仁合道又何嘗容易？而世人又有誰真的做到了？

自古以來，創造觀型文化中人為了媲美上帝而積極於創造發明，還不是

被神學家英格 (W. R. Inge) 的一句話「原創就是沒有被發現的抄襲」給破了功（人為創造發明，都是在抄襲上帝的作為）；退而求其的人，像佛洛伊德 (A. Freud)、阿德勒 (M. J. Adler) 和弗蘭克 (V. Frankl) 等人，分別從精神分析學、哲學和存在主義等立場，鼓勵大家追求歡愉、權力和意義等，也只是就上帝所賦予人的自由意志一點在摸索出路，而這離成神解脫的目標更遠了。至於緣起觀型文化中人和氣化觀型文化中人所各自高懸的解脫路，不是「道在彼人在此」（指前者得歷經劫難才能修成正果），就是「還在半路躑躅」（指後者人人仍在學習怎麼跨步前進），同樣也沒有任人吹噓或往自己臉上貼金的本錢。因此，成神或體證佛或依仁合道的終極境況，就真的需要想像；而現在我們連這種想像都應該要感到還是太難！

03 相對終極的可能性

既然真正終極的了生脫死已難以想像，那麼思考一個相對值理當就是不二選擇了。但即使是這樣，不同文化系統中的人也不盡都知道要「怎麼上路」。好比創造觀型文化中人，還沒到足夠體現一種可稱道的解脫形態階段，卻先以它們的初胚科學成就用來壓迫其他民族，並且持續在荼毒大家所居住這個不再美好的星球。

又好比緣起觀型文化中人和氣化觀型文化中人，一個原是最少需求物質的，但現在卻也被鼓動熱中於推展社會福利事業而參與耗能的行列；一個古來就陸續有孫叔豹的「太上有立德，其次有立功，其次有立言，雖久不廢，此之謂不朽」、張載的「為天地立心，為生民立命。謂往聖繼絕學，為萬世開太平」和范仲淹的「先天下之憂而憂，後天下之樂而樂」等道德勸說，以及《列子‧楊朱》「太古之人，知生之暫來，知死之暫往，故從心而動，不違自然所好，當身之娛，非所去也，故不為名所動。從性而游，不逆萬物所好，死後之名，非所取也，故不為刑所及。名譽先後，年命多少，非所量也」的逍遙建言，但到了近代一樣敵不過西方的勢力而紛紛棄守自己陣營轉去追隨了，迄今還在不勝「修補惋嘆」中。因此，想要一個相對終極的了生脫死計慮，又能夠在什麼地方著眼？

還是從一個故事說起吧！這個故事也來自蘇菲教派：從前有個老婦人，她習慣到恆河邊靜坐。有一天，她看到一隻蠍子無助地在湍流裏漂流，趕緊把手伸向快要溺死的蠍子，但一旦碰到蠍子，就被牠螫了一下。老婦人把手縮回來，恢復平衡後，又想辦法去救那隻蠍子。然而，她每次的嘗試都被蠍尾刺得滿手是血，痛得齜牙裂嘴。路過的人看到這情景，大叫說：「你怎麼搞的，笨蛋！你要害死自己去救那隻醜八怪嗎？」她凝視著陌生人回答說：「螫人是蠍子的本性，我為什麼要因為那樣就否定了自己想要拯救牠的本性？」

故事中的蠍子，可以比喻那成神或體證佛或依仁合道的解脫路，不斷會

加給你魔考反噬或讓你陷入無底深淵或戳得你遍體鱗傷，使得你根本到不了終點；但一心想解脫的人，又不能因為畏懼挫折而裹足不前，就像故事中的老婦人「知其不可為而為之」那樣，可以比喻我們不必因為解脫路難走，就放棄自己追求該解脫的決心。也正緣於我們都能夠在這可回旋的空間取則，所以繼續往前推進，就會出現相對解脫的感覺；而這種感覺，就姑且說是了生脫死的完成。

04 生的有意義和死的有價值

事實上，了生脫死的樣式，可以換成「生的有意義和死的有價值」這個說法。它在基本態度上，要做到豁達的經營生命而不致陷溺、從容的面對死亡而沒有恐懼，以及可能的死亡後靈體繼續存在而能夠比照自處等；而在深層見義上，則得竭盡所能相對的做到成神或體證佛或依仁合道，並且無愧於心和不留後遺症（目前東西方人還達不到這個標準）。這樣的了生脫死，也就可以說進入了道地的無繫縛狀態。

還有了生脫死的背後，是「成就」的所在。它會讓我們在面臨某些關卡的考驗時，更有餘力來應付排解。正如尼采 (F. Nietzsche)《歡悅的科學》所說的「人們由於自己的成就而獲得滿足（不論是來自創作或寫作）。只有這樣，人才能忍受死亡。任何對自己不滿的人，都會變得殘暴不仁，我們其他人就成為他們的受害者，僅因為我們要阻止他們的悲觀。人由於悲觀絕望，才會變得邪惡而焦慮」，像這種忍受死亡和避免悲觀一類的「過場拚搏」，就會因為我們有了成就而更能够「輕易勝出」。

05 自我負責到底

至於走在相關解脫路上，是否需要有助力或期待有助力，那就得看那些助力會不會「尾大不掉」，畢竟助力有時也是一種阻力，到頭來它反成了新的繫縛就不妙了。因此，自我負責到底而讓那些助力隱藏於暗中，「不期自來」是比較合適的。就像柯爾賀(P. Coelho)《牧羊少年奇幻之旅》所傳達的信息「當你真心渴望某樣東西時，整個宇宙都會聯合起來幫助你完成」，我們要的大概就是這種無形的助力，它不過是「自助天助」或「德不孤，必有鄰」的自然反響罷了。

再說凡是有所主動請求助力的，事後都得給予等量的回報，不可能只有自己片面受惠。如此一來，又會陷入另一種「循環索償」的泥淖而不得脫困。

大家當還記得美國企業家洛克斐勒(J. D. Rockefeller)在給他兒子的

書信中講過一個故事，說很久以前，有位國王想編寫一本智慧錄，以饗後世子孫。受命的臣子們，費盡力氣，完成一本十二卷的鉅作；但國王看了卻嫌它太長，要他們濃縮。結果臣子們一刪再刪，最後變成一句話，那就是「天下沒有白吃的午餐」。

妄想得到助力的人，可真要切記這句話，以免在了生脫死的解脫路上平白的多跌幾跤。

第七篇：克服死亡的憂慮

一個有財有勢的波斯人，有一天和他的僕人在他的花園中散步。僕人大叫大嚷，說他剛剛碰上死神，而死神威脅要取他的命。他請求主人給他一匹健馬，他好立刻啟程，逃到德黑蘭去，當晚就可以抵達。主人答應了，僕人於是縱身上馬，放蹄急馳而去。主人才回到屋裏，就碰上死神，便質問他：「你幹嘛恐嚇我的僕人？」死神答道：「我沒有恐嚇他呀！我只是奇怪他怎麼還在這裏而已。今天晚上，我打算在德黑蘭跟他碰面哩！」（弗蘭克《活出意義來》）

01 一般憂慮死亡的狀況

人因為能夠向成神或體證佛或依仁合道的成就自我途徑邁進，有機會過著文化人的風光生活，所以當他完成了某種設定的使命而不再感到被凡俗壓迫或被庸務纏身，這時就可以稱許他已經了生脫死了。而由這一點繁衍開來，人對於特別窘困的生命終點大關，也就比較會有寬裕的心情來面對；否則整個情況勢必改觀，終究要給憂鬱死亡的陰影籠罩一切。

目前各文化系統都有成套的論述在規模生命嶄向，同時對於了生脫死的可能性也信誓旦旦且舉證歷歷（不論是否足夠完善），但卻沒有極力防後而告訴人萬一先怕死了要怎麼辦。如果是先怕死，那麼在走向生命的終點前他已逐漸鬆懈求生的意志，而變成只會恐懼死亡來臨的「廢人」，又那能談什麼帶文化性的解脫？好比前面那個故事所搬演的，不管你怎麼逃避，死亡就是會降臨；而你既然都在駭怕死亡，那麼可想而知私底下是不大可能把注意力擺在文化所允許的高格解脫的。

通常對死亡的憂慮，都是夾纏著恐懼的。而這在心理學上，被解釋成是人的自我防禦使然。只不過這種防禦不會給死亡好的評價，有的儘是對死亡的憤怒和厭惡，並且對於身邊的親情、愛情、財富、地位和尊榮等經常患得患失，最後都莫名結成了一種文化基因(meme)而代代相傳不輟。這是一般憂慮死亡的狀況，也是人所以無法晉級解脫的最大原因。

02 樂觀的人又在反諷死亡毋須憂慮

可是不理這一套「必要解脫」的人，卻又在旁邊說風涼話，使得原就沒有主見的人更覺得淒涼，因為對方開的玩笑只會增添不確定感，根本無從減輕他們的心理負擔。

不信且看，伊壁鳩魯學派(Epicurean)最喜歡用「如果死亡在，你就不在；如果你在，死亡就不在。因此，你無法證明死亡」這種悖論來保障死亡是一個無可想像的他者，以至大家都得隨他們相信並沒有死亡這回事。問題是死去的人，一個一個在眼前出現，大家所憂慮的是「自己會不會是下一個」，而不是你多會證明死亡在不在。至於該學派的信徒，有的自己杜撰「吃喝玩樂吧！因為明天我們都會死去」一類的座右銘，標榜在還有一口氣時要拚命享受生命而將死亡拋在腦後，還真的得到不少人的響應。

例子如有個巨人毛崗地問小偷馬谷地信基督還是穆罕默德，馬谷地

俏皮地回答說：「我不信藍，也不信墨，只信煮熟烤好的肥閹雞；偶爾也信奶油，也信啤酒、葡萄汁，上面浮著烤蘋果……」這形同是在反諷憂慮死亡的無謂！但強以虛無主義來嘲弄死亡這件事，所得到的結果卻是對生命更加的迷網，因為享受本身就是一種弔詭的行為，誰也保證不了自己每次都可以如願（不是一樣會「馬失前蹄」）。

因此，只有唾棄虛無主義，不再窮開心的樂觀，我們才會認清死亡憂慮的實質致礙，以及在一併解脫上的必要克服性。

03 遺忘和轉移是最便捷方法

一逕憂慮死亡的人，勢必會造成他追求解脫的障礙；而已經上路的人，只要還心存有絲毫芥蒂，也都不免「徘徊於道」，而無緣嘗受那沒了繫縛的朗爽自適。就像《史記‧孔子世家》所記載一代聖人臨終前的演出失態那樣：「孔子病，子貢請見，孔子方負杖逍遙於門，曰：『賜，汝來何其晚也？』孔子因嘆，歌曰：『泰山壞乎！梁柱摧乎！哲人萎乎！』因以涕下。謂子貢曰：『天下無道久矣，莫能宗予……』後七日卒。」這也許可以解釋為哲人夢未圓，不能沒有憾恨；但他至死仍在噹目時艱，這就顯得有失典範，而讓人感覺他還需要更長時間自我療慰，然後解脫才通透可成。

即使道理看來並不複雜，但實行起來究竟如何才能克服死亡的憂慮，卻又成了一大難題。倘若想求簡便，那麼遺忘死亡和轉移目標理當是可行的方法。前者是指純然忘記死亡的存在，相關憂慮就無由產生；後者是指移開注意力而專心致志於修為上，相關憂慮就會自動停止。但這二者都只有短暫效果，很容易在重受刺激或忙碌後故態復發。不過，後者在特殊情況下是有可能成就「未經死亡」而直驅解脫的。

如有位僧人被老虎追逐，為了脫身而爬到懸崖邊攀著一條蔓藤，這時下面出現了另一隻老虎。正當它擺盪於兩個死亡可能性之間，距離他出手不及的範圍，又有老鼠嚙咬著藤根。就在此刻，僧人留意到身旁長著野草莓，他摘了一顆放入口中。當蔓藤斷裂把僧人拋向死亡時，他將注意力全放在嘴裏果粒的滋味和質感，而忘了身體正在被撕扯。最後他死了，但沒有經歷痛苦。

這可以視為緣起觀型文化中人克服死亡憂慮有成的例子；只是它並非人人都有機會，也不能當作常規來教化。這樣原先的遺忘和轉移等方法，還是足夠充當解脫路上的安全閥，必要時都可以讓它發揮「促進到達」的作用。

04 靈性修行可以長久撐持

死亡曾被凱斯勒(D.Kessler)《臨終關懷》一書形容成「就像是關閉一間擺滿引擎系統及巨大鍋爐的工廠」，一邊還能聽到機器吱吱作響。這很難讓人恬然的面對死亡！尤其是因病死亡的人在整個過程中所顯現的各種痛苦的症狀（如食欲不振、吞嚥困難、呼吸急促、大小便失禁、皮膚發紺、身體溢臭、疼痛瘀血、四肢痙攣、雙眼失神、聽覺模糊、呻吟吼叫和口吐白沫等），更教人在恐懼外增加一種對死亡的憎恨！既然這樣，不設法擺脫死亡的陰影，那縱使走完解脫的路程，也會「傷痕累累」！這時倘若遺忘和轉移等方法還不全能緩和如疾病迫近死亡更增可怖的情緒，那麼試試靈性修行或許可以改觀。

它是藉由宗教的信仰或神祕的證悟而把死亡意識延到無止盡的未來。嘗試過的人，普遍認為這在化解死亡恐懼上頗有成效。至於相關的修行法，可以是一神教崇拜上帝式的，也可以是佛教瑜伽禪坐式的，還可以是儒道研經練氣式的，憑人所好。好比上引凱斯勒書著錄了一個癌末患者，經過幾個月的藥物和身心雙方的治療，再配合靈修，他終於自由了。他知道「很快地，我的軀體將棄我而去，就像是一顆繭」，但他的靈魂將會沒有牽掛的遠颺，「一如翩翩飛舞的蝴蝶，絢麗完美」。這就是一個活生生的例子。

當然，靈性修行可以讓人長久撐持而走完解脫全程，但如果是純粹的嗜好，在遠景上並沒有成神或體證佛或依仁合道的打算，那麼這種修行只能落入下乘，最終還是不能進駐解脫道而予以典型化。

05 最好靠意義治療再向上一路

想要一併克服死亡的憂慮而完成解脫的人，還有一個意義治療可以殿後把關，而將自己的了生脫死願望提早實現。它是指對人的存在意義的認知以及對人的存在意義的追尋。開啟人是經歷過納粹集中營折磨的弗蘭克，後來許多精神治療師也跟著從事這類輔導工作。而根據臨床經驗，意義治療對於深陷痛苦或絕望中的人來說，形同擁有了「強心劑」或「定心丸」，在在有助於生存勇氣的培養，自然也不大可能再憂慮死亡了。

然而，現有的意義治療畢竟還是要透過精神治療師才能展現療效，而只是單純憂慮死亡的人他所該進趨的成神或體證佛或依仁合道解脫，卻無從由人代打。因此，凡是覺得自己生存有虧克的人，只能比照意義治療且再向上一路，轉由自己察覺發動，不論是為了死後得到永生，還是為了死後不再輪迴，或是為了死後留下美名，都得光明磊落的直奔前去而沒有後遺症給他人收拾。這樣即使他一路伴著對死亡的憂慮，我們也可以說他因自我意義治療成功而合該晉升到最後的解脫境地。

第八篇：消除靈異妨生的恐懼

（一位曾任非洲迦納殖民地行政官的英國人，回憶他有一次派人去修路，遇到巫師插標幟而停工的故事）他一把拔掉標幟，順手扔了，然後命令工人繼續工作。隔天他就發高燒，直燒到華氏一〇三度，什麼方法都治不好。為了安撫當地人，他送禮給巫師，跟他握手言和。此後，燒就退了。行政官說：「打那時候起，我只要看到標幟，立刻停步，讓他們先跟鬼神談條件。倒不是因為我信了他們那套鬼話。」他一飲而盡，作勢再來一杯，接著說：「只不過不想再發去他的高燒罷了。」（弗羅姆金〔D.Fromkin〕《世界之道：從文明的曙光到二十一世紀》）

01 靈異的存在

靈異的存在，即使有懷疑論者和唯物論者在旁邊百般的詰疑否定，世上絕大多數的人還是對它深信不疑。而這一靈體，又有神靈、鬼靈、人靈和物靈的權為分別。當中除了人靈，其他都有可能以「奇駭」或「詭異」形態現身，而造成靈異妨生的恐懼心理。正如上述那個故事中的主角，他表面嘴硬不肯承認靈異的禍祟，其實內裏早已受害過而說話時仍餘悸猶存。

綜觀靈異的存在，在人身上有出體、瀕死體驗、能目睹外靈和乩童被神靈借體等現象可以考得。此外，據慈誠羅珠堪布《輪迴的故事》所述，有一些無腦人和無頭人，他們的過活跟一般人並沒有兩樣，也可以證明靈體的單獨存在。而依此類推，自然神靈、人死變成鬼靈和附物或脫物存在的物靈等，也都能夠想像它們的可能性。

至於各靈體又源自何處，向來就議論紛紛。好比西方一神教說它們是上帝賦予的，中國傳統宗教說它們是陰陽精氣合成的，印度佛教說它們是無盡緣起而來的，彼此莫衷一是；還有藉用當今所見如伯金斯(D.Perkins)《阿基米德的浴缸：突破性思考的藝術和邏輯》和霍金(S.Hawking)編《站在巨人肩上》等科普書的觀點，則又可以說它們是宇宙大爆炸時自然形成的，這些都無從證實，也難以否定，恐怕會是一個永遠解不開的謎。不過，當你相信了那一種說法後，就會逐漸形成一些牢固的相應的觀念，在生命的歷程中起著自我制約或創發突進的作用。

02 會妨生的靈異舉隅

靈體的獨立性促成靈異的存在，而靈異的存在又關連著對營生的妨礙，這條理路勢必得再蘊涵眾多例證的警示和務必消除的決心等雙面特徵，才有被思考和談論的價值。而這優先要取信於人的，就是那會妨生的靈異案例。

如臺東有一對張姓兄弟，長年飽受鬼靈的侵擾，經向心理醫師求診和尋訪靈療師袚除，都不見效用。那些鬼靈不只晚上鬧，連白天也在他們耳邊碎碎念，還說「我是有討令的，做人要甘願，前世因後世果，不要心有怨恨，找任何人來都一樣」，讓他們無法正常作息、甚至外出都會無端發生車禍，精神幾乎已到崩潰邊緣！

又如國外有一姓貝爾(Bell)的農家，鬧鬼到遠近馳名，而引來許多驅魔師和招魂術士，經過一段時間的溝通，事件才平息下來。當時該鬼靈騷擾人的方式，無奇不有，包括敲玻璃、急促叩門、拚命抓地板、發出低沉的嚎叫、半夜把人的被子掀走和胡亂打人耳光等；而祂最後說出的一段話是「我是無處不在的幽靈，不論天堂、地獄、人間都有我。在空中、在房子裏，無論何時何地都有我。我已存在數百年之久，我要說的就是這些了」，殊不知人家已經忍受祂過多的威嚇凌虐而還在身心高度煎熬中。

或許有人會說以上那些都是個案，還不足以證明靈異普遍妨生的嚴重性。這我們只要細想，就會知道其實不然！且看社會中無以計數患有憂鬱症、躁鬱症、精神分裂症和自殺未遂的人，他們多少也都跟上述的案情相似，背後頗有外靈糾纏，而這豈能不影響大家深懷「靈異隨時會迫來」的恐懼心理？此外，一些天然災害和人為作孽現場，所出現的不可思議現象，更會強化大家憂慮靈異妨生的難以避免。好比二〇〇一年九月二十一日，美國紐約的世貿大樓被人劫持民航機撞毀，在濃煙中有睨視冷笑的鬼臉，看了令人膽寒；而二〇〇八年五月十二日，四川大地震，前夕有數十萬隻蟾蜍集體遷徙，前後加以對照，益發教人不得釋懷，這些又豈不是緣於靈異的俱在性所引生的？因此，在走向了生脫死的道路上，靈異著實的成了一大干擾源。

03 相敬兩安和無求自高

對靈異妨生的恐懼，會自動連結到死亡的憂慮，二者可說備列了解脫的心理障礙；而相關的智慧，一樣得像克服死亡的憂慮那般起作用，才能情盡見除而脫體現成，真正的了無繫縛。換句話說，解脫智慧的蘊蓄，到了消除靈異妨生的恐懼這一關，仍然要予以對治發揮一番，最後的成神或體證佛或依仁合道才不致再起夾纏。

由於靈異的實際妨生大多源於自我深有虧欠或跟外靈的糾葛未了（少數則是遭到連累），以至在還沒有覓得清償或紓解途徑前，所能體現的清除靈異妨生的恐懼，就不便為它預留空間（詳見第十四篇）。因此，這裏所要提供意見的，僅是針對那莫名而起的恐懼「無妄之災」心理。而這在消極面上，則可以採取相敬兩安和無求自高的策略來因應。

所謂相敬兩安，是指神靈、鬼靈、人靈和物靈等在互不侵犯的原則下可以維持一個和諧的局面；而再進一層到相互禮敬的地步則無異要更穩定兩界的秩序化互動。平常所見的神靈驅遣宰制人、鬼靈糾纏危害人和物靈捉弄作祟人等現象，大致上都起因於互敬的缺乏。如今人想要擁有正常的生活營運權力，捨棄先敬靈界存在體的禮數而冀得兩安，顯然是緣木求魚。而所謂無求自高，是指神靈或鬼靈或物靈所以要給人製造恐懼的機會，在相當程度上是料定人有所企求而應機盯上以索得被利用的承諾；而只要人無所企求，中間的紐帶自絕，相關的靈異禍害自然就難以施展。這在現實中已經是一種人倫的律則，轉向跟靈界互動後理當一如常態。也就是說，求人乃是自我降格且易屈服取辱，不啻在驅使自己處於任人操縱的情境而不得自在；反過來無所求助，則所保住的尊嚴也必然會自我提高身價。這樣的規範延伸到靈界，諒必也會自成一種理則，從此不再心虛以對、甚至莫名其妙的坐以待斃。

04 修鍊以便護體

相較於相敬兩安或無求自高的偏斂跡作法，還可以靠積漸式的修鍊護體一項很明顯就帶有主動出擊性。這是為確保自我不隨便被侵犯所得採取的積極策略；否則一旦己靈轉弱，那想要維持存在優勢就會變成無謂的奢望。

此地所說的修鍊護體，為一權設的競勝形態，它指的是靈異恐懼所可能被加害的己身在修行鍊養有成的情況下，會因為體健得以自保而無形中化解了來自靈異的種種壓力。當中修行所帶有宗教性的，也許會得到靈界存在體的庇佑而反使自己有恃無恐；而鍊養所練就的氣盛靈活姿態，也有可能阻絕異物加身而使自己更有信心不再恐懼靈異。可見所立的「修鍊以便護體」這個命題，在沒有更好的作法前，它的真理性是無庸置疑的；而它在去除解脫路上的纏縛上，也會因為少掉「後顧之憂」而便利自主許多。

05 杜絕終究在練才全身

扭轉對靈異妨生的恐懼而有利於成神或體證佛或依仁合道的解脫，最見積極的作法，莫過於練才全身。這是在修鍊護體上再添一憑依，以確保解脫路上有關靈異妨生的恐懼能徹底的杜絕。換句話說，修鍊護體只夠防止靈異的纏擾，而無法保證自己也能一併超越外靈可能有愧的侷限，以至透過練才有成而全存了己身的榮光，也就成了此中促使靈異遠避最有效的方法。

好比傳說中黃帝史官倉頡造字時「天雨粟，鬼夜哭」，對於這一幅壯美圖，前人說那是因為天神憐憫大家從此專務契刻利益而不耕作會挨餓，所以頻頻降下粟米來；而鬼靈駭怕被人用書文彈劾，所以在暗夜裏偷偷的哭泣。顯然這種解釋太過消極，不足以說明造字這件事的不同凡響！如果把它理解為「天雨粟」是天神對倉頡能造字的獎賞，而「鬼夜哭」是鬼靈對原同類卻比自己強甚的倉頡能造字的感佩，那麼這就可以接到此地所謂練才全身的美事意義上。也就是說，人能自我試煉額外的才能，導致所締造成就（如文學藝術的創作和學術理論的建構等）可以睥睨一切，那他在解脫路上一定有助於無謂畏怖的減卻；同時也會因為該成就讓鬼神都同感歡忭，馴致有可能轉多出無形的襄助力。正如倉頡的造字才能所獲得鬼神的讚賞，他的解脫路已經比別人平坦順遂許多。因此，所舉示的練才全身，不為它多加解說，大家應當也能意會，它就是消除靈異妨生恐懼的最終保證。

第九篇：怎樣因應功名的引誘

許由……洗耳於潁水濱。時有巢父牽犢欲飲之，見由洗耳，問其故。對曰：「堯欲召我為九州長，惡聞其聲，是故洗耳。」巢父曰：「子若處高岸深谷，人道不通，誰能見之？子故浮游，欲聞求其名譽，汙吾犢口。」牽犢上流飲之。（皇甫謐《高士傳・許由》）

01 未了義

能經由意義治療和練才全身（二者有相當程度的交集）等途徑，來克服死亡的憂慮和消除靈異妨生的恐懼，這在解脫一事上，本身已經兼行達陣和盡免牽掛，似乎就再也沒有什麼問題需要費心了。但又不然！眼下還有功名、錢財、愛欲和親情等四大難題在糾纏，不隨順予以解決，恐怕也很難「全身而退」。現在就先從「怎樣因應功名的引誘」談起。

本來功名也是朝向最終解脫的憑藉之一，不但不應拒絕，而且還要特別親近它，以便在獲得實質的功成名就後欣然的放下身上的重負。但問題是，大家追逐功名多半是為了滿足私欲，並非真的想要利益天下蒼身，致使當有貪圖好處無厭和排除異己不倦等情況發生時，相關的纏縛就無由離身了。因此，如何能不捲入這種紅海拚搏的漩渦，也就成了解脫者所得面對的大考驗。更何況世上所有的功名想望，早已超出你我所能想像的範圍，不是說捨就可以輕易捨得掉；以至怎樣妥善因應它的引誘，以便有助於最後的解脫，顯然還會是一個迫切要思考的課題。就像前面那個故事所流露的，唐堯要讓位給許由的時候，許由原可隱匿於高岸深谷以求自適，但他卻待在潁水邊等對方再來邀請，這很明顯是虛鳴清高，實地要的是一種不為而為的功名。

類似的例子，是東漢的嚴光。他的同學劉秀當了漢光武帝後，屢次派人查訪，要找他出來當官。他也本可悠游於方外，不沾一點老同學的光，但他卻故作姿態反披羊裘垂釣於浙江桐廬的富春江上，好讓人家認出來。雖然最末他在一番應詔後堅決求去，但原先的近似沽名釣譽行為卻已引起不少人的訾議。如南宋陸游就說了「志士棲山恨不深，人知已是負初心。不須更說嚴光輩，直至巢由錯到今」，將他連許由一起嘲諷，全然不給別人代為分辨的機會。

02 功名和才藝的分際

亟想上述這類清譽的人，基本上都有博取功名的欲念，只是力有未逮，不敢貿然前往一試。他們內心所受功名想望的激盪，並不比其他在臺上賣力演出「浴血爭奪」戲的人輕。畢竟古來類如《論語．微子》所載孔子說的「（隱士長沮和桀溺對孔子熱中世道有微詞）鳥獸不可與同羣！吾非斯人之徒與而誰與？天下有道，丘不與易也」和《孟子．公孫丑》所載孟子說的「夫天未欲平治天下也；如欲平治天下，當今之世捨我其誰也」等不虧志意的話，都只是身還在野，那天真的權力到手了，各種圖謀的欲望就會孳生出來，使得相關的解脫要無限的延後。

那麼究竟有什麼樣的圖謀會羼入對功名的耽念中？很簡單，所有功名都要靠好的表現（政績或戰功），而好的表現得先有足夠發揮才智的舞臺，因此為了得到該舞臺，勢必要跟人家競爭，甚至不惜「拉關係，套交情」援引同夥來減少阻力，以至逢迎拍馬和暗中鑽營等違心手段已不覺流露出來了。再說一旦在可以表現的位子上了，不是容易驕矜慢人，就是不時要憂讒畏譏，真有心思在謀蒼生福利的比例早就降到了最低，致使這種忘形凌駕或保衛職位的權力情結始終縈繞不去。此外，只要沾染了官場習氣，想要對事不「虛與委蛇」或對人不「貪酷鄙吝」，那就太難了，這樣一切以自我為中心，試問還奢談什麼福國佑民的大志業？

原來功名和才藝是有差別的。一般功名的成就，多有僥倖成分；而跟它失之交臂的，可能更多。像孔子好不容易當上魯國大司寇，以為就要大展鴻圖了，沒想到嫉妒他的人早就磨刀霍霍在伺機出手，不到三個月工夫他就幹不下去了；轉而周遊列國，去別為求仕，但四處受人疑忌的情況並沒有兩樣。又屈原和賈誼兩人，不也才氣縱橫，年紀輕輕就受楚懷王和漢文帝的賞愛，但沒等他們鋒芒露盡，已經惹來一堆讒言傷害，終而被疏遠，連想圖更大功名的機會都沒有。反觀才藝，可以盡在文學藝術創作上體現，也可以移向學科理論建構上發威；而不斷刮垢磨光的結果，就是情馳意騁，皇皇成就推動了文化的進程。這時當事人才真正的是了無牽掛，可以還諸天地而無所愧悔。

03 有權力的陷阱

功名的誘人，其實不在功名，而在它的附加價值，包括財富的轉豐和權力的增益等。前者（指財富的轉豐），除了可以領取固定的俸祿，還有額外的油水所得，積累可觀；後者（指權力的增益），在原先社會關係網絡裏所擁有的少許權力，頓時會擴大到難以想像的地步，而這些都能以功名為便捷途徑（即使部分甘願清廉自守的人，也會因為有後者而常蒙好處）。

當中權力，它的質性，不論是像西方人如韋伯 (M.Weber)、巴恩斯 (B.Barnes) 和傅柯 (M.Foucault) 等所說的是帶有強制性，或是人們互動模式的結果，或是一種人際關係，都顯現出對人事物相當程度的影響力或支配力。這種影響力或支配力的越見強化，相對的它的附帶效益也會越形增多。比如能導致物質需求和精神需求的滿足（前者如獲得財富和地位等；後者如獲得尊嚴和名譽等），以及可以帶給某些性格特殊的人一種心理上的補償（如有自卑感或缺乏安全感的人，權力可以使他轉生優越感或獲得安慰劑），甚至有助於他去探取界域界內所能創新出奇的文化理想等。由於後者大多單獨行使，所以只剩前二者會跟功名緊密的軋在一起；尤其是財富的累積成正比的發展最為可觀，幾乎使得功名本該彰顯的實效榮光轉趨暗淡。而這也就是歷史上無以計數的官宦不得善終的原因所在，畢竟那財富和權力也是要透過競爭才能得到，稍有閃失就會退回原點或更慘的賠掉性命。由此可見，功名本身已經隱藏了權力的陷阱，隨時在引誘著定力不夠的人跳進去而深受折騰！

04 變調難和

王充《論衡・逢遇》記載了一個故事，說有一個人仕數不遇，年老白首，泣涕於道路。旁人問他緣故，他說屢仕失時，而現在年紀一大把，恐怕機會更渺茫了，於是才暗自傷悼。那人又問他為何連一次官運都沒有？他回答了，說國君所要的人才都跟他所學的相錯開，以至一再的失去良機。這看來未必是壞事，因為如果真的遇好而受到重用了，那麼他也很可能更快速跟大家和稀泥或同流合汙，最後連什麼造福百姓的初衷都拋到九霄雲外去了。

還有《列子・周穆王》也記載了一個故事，說有位老僕夫為主人極盡勞苦趣役，從不怨嗟，別人都覺得不可思議，而勸他留點體力。但他卻說：「我白天為人奴僕，固然辛苦，但晚上夢到自己做了國君，快樂無比，有什麼好嘆恨的？」這看來也未必是好事，因為老僕夫對國君的誤解（以為他可以姿意所欲而沒有煩惱）所造成他的虛幻耽溺權勢，以及盲目的幫主人無度的治產斂財等，總會在真實夢醒和良心發現後更感匱缺憾恨。再說他的忍功和勤勉，都是為了貪圖歡樂，出發點已經不足為訓，過程更不敢想像會如何的變調。

世上儘多的「邯鄲夢」或「南柯夢」，所示的也盡如上述那些故事，內裏僅是「冀得一仕」或「幸能富貴」，一概不理會所要的東西到底有什麼價值，最後都應了呂純陽的詩「浮名浮利濃如酒，醉得人間死不醒」，想要給點掌聲都覺得雙手好像被膠黏住了。這是說功名很容易變調；而想闖進去的人，才一跨步就嫌醜姿態全都露了。因此，要教有識之士認同附和求功名的行徑，除非它不變調，否則這種事是難如登天的。

05 必要時放它過去

也許有人會認為「名利本為浮世重，古今能有幾人拋」，所以自己也不避諱要在功名堆裏掛號；而對於「名為公器無多取，利是身災合少求」這類白居易式的勸誡，或是「相逢盡道休官好，林下何曾見一人」這類靈澈式的諷喻，自然就讓它充耳不聞了。

然而，有關功名的引誘陷身一事，還是會讓人不得解脫，因為「一家飽暖千家怨，半世功名百世愆」永遠是俱在的事實，能從中毫無慚恧走出來的人，恐怕寥寥無幾！於是為了不誤蹈這段冤枉路，唯一的辦法就是回歸前面所說的在才藝上力求表現。此外，縱使偶爾有想歧出嘗試的心理，但在發覺實際上行不通時，也得當機立斷而放它過去，別再窩著徒讓它孳生攪擾。

第十篇：對待錢財的方式

（金人瑞，字聖嘆）補博士弟子員，會歲試，以「如此則動心否乎」命題，其篇末有云：「空山窮谷中，黃金萬兩；露白葭蒼而外，有美一人。試問夫子動心否乎？」曰：「動動動……」連書三十九字。學使怪而詰之，人瑞曰：「只注重『四十不』三字耳。」（蔡丐因《清代七百人傳・金人瑞》）

01 最低需求

活在以貨幣作為交易媒介的社會裏，一個人倘若不工作賺錢或生產換錢，那麼他就只能寄人籬下或乞討過活，而這都有失顏面，永遠無法贏得周遭人的尊敬。因此，試著攢點錢，就不必儘看他人風光而使自己可以在現實中立足。

往昔一些啟蒙書如《昔時賢文》，不就說了「貧居鬧市無人識，富在深山有遠親」、「不信但看筵中酒，杯杯先勸有錢人」，貧窮都已經這麼沒地位，更何況一文不名？於是對於「無錢休入眾，遭難莫尋親」這一類的勸說，也就得認真看待，不然你只好一再的去感受「人情似紙張張薄」的況味了。

但話說回來，貧富的對比也不一定僅有單方偏勝，像「求財恨不多，財多害人己」、「黃金未為貴，安樂值錢多」和「貧窮自在，富貴多憂」等反值話，也大有被宣揚的餘地。因此，上面那個故事中金聖嘆對孔子的嘲弄（孔子說自己「四十而不惑」，那表示三十九歲以前都會動心），也不無幾分真理在，畢竟要人始終不對錢財動心，恐怕連聖人都辦不到哩！不過，為了方便於解脫，還是要僅依「最低需求」的標準來取得錢財，才有可能在心安理得的情況下，晉身到無縛境界中。

02 多了的弊病

錢財多了，相關濫用狂擲和轉為支使別人幹壞事等奢靡邪道習氣，一定會跟著發生，因為多餘的錢財得來的都不太正當，不把它們花掉，豈不是得強迫自己當一個有違個性的守財奴？

比較遺憾的是，這種歪風竟也感染了許多人，明知道那種活法沒有什麼意義，卻又不願意放棄做夢幻想，導致放眼看去一片熙攘逐利瘋狂的景象。

相傳清乾隆皇帝南巡到了鎮江，金山寺的方丈陪駕。乾隆望著江上舟楫往來如梭，戲問道：「你知道有多少艘船嗎？」方丈從容回答：「兩艘。」乾隆說：「如此帆檣林立，怎麼只有兩艘？」方丈說：「我看見一艘為名，一艘為利，名利以外沒有船。」乾隆聽後大笑。為名的，前章已經談過了；為利的，則是古今通體一致，並且弊病還隨著全球化的腳步擴大深重（詳見第十五篇）！

03 施捨終非菩提道

當今還因為社福機構和宗教團體興盛，以各種名義建請大家捐輸，造成民眾普遍一邊幫忙於聚斂錢財一邊又積極奉獻以為贖罪或積陰德的紛亂現象。這美其名是在施財造福社會，實則全然扭曲了菩提道。

依照佛教的講法，布施有財施、法施和無畏施等，當中只有法施才足以渡眾，財施則因必生滋擾而無法成就菩提大業。就像義淨譯《金光明最勝王經》所真確指出的「財施但唯增長於色」、「財施唯伏貪愛」，佛教從來就沒有看好過財施（另外無畏施只是要讓人不懼怕艱難痛苦，離解脫還有一段路，也不夠究竟）。

其他兩系的社會福利觀念，諸如儒家的博施濟眾和一神教的代替上帝救助等，嚴格的說也只管控在最低層的利益分享，並未一併予以昇華到可以最終的解脫。因此，把多出來的錢財分一部分給窮困的人，實際上不但沒有太多的功勞可說，而且還會增加逼迫自己勤於攢積錢財的壓力而更為陷落，終究不是美事一樁。

04 社會福利還有別的辦法

想當年菩提達摩來中土，梁武帝將他迎請到金陵，試著探問：自己從即位以來，做了不少造寺寫經渡僧等事，有什麼功德？這原是為了邀譽，得到的話可以給自己增價，但不料反被潑了一盆冷水，因為對方認為那只是偏於財施，為假相功德；唯有空寂自守，不以世求，才是實相功德。這個故事所預示的解脫道，應該是明顯不過了，但後人似乎不曾受到什麼啟迪，以至一再的誤蹈社會福利至上而徒耗資源的不歸路。

我們知道，所有的社會福利，不論是私人挹注還是公家設立，都是以解決生活困境或增進物質福分為目標，很少會考慮到大家普遍的精神需求，致使相關的人力、物力和財力等投入唯恐不夠多，還要不斷地勸募和加稅，搞到但見人心貪婪益熾，而真正需要升格優化的精神生活卻一直停在粗糙無序的階段。倘若說物質富裕並不保證大家活得有價值的話，那麼從新思考減卻物質需求而轉為提升精神品質，也就是另一波社會福利所該有的計慮方向了。換句話說，只有調整豐厚物質生活的作法，改為崇尚精神生活，有關社會福利應有的「統包」隱旨，才不會被抹除或整個虛擲難見成效。

05 清貧且高貴的過活

儘管貧窮曾被印度聖雄甘地 (M.Gandhi) 詆斥為是「最糟的暴力形式」，但它終究還是最足以促使我們去注重品質；這種品質是要從體內放射出智慧光芒，不大可能在有錢人身上看到。也因為這樣，所以《新約聖經・馬太福音》才會出現「有錢人要抵達天堂，比駱駝要穿過針孔還困難」這類警示；而西方哲學家如德國的保羅 (J.Paul) 也不諱言「富裕比貧窮更有礙天分」，甚至還有英國詩人布雷克 (W.Blake) 異曲同工的一比「在守財奴眼中，金幣比樹還美麗」。因此，回歸到錢財的「交易媒介」特性上，它理當存在於市面流通中，而不應被攢積居奇，這樣大家競相爭奪和貪取等痛苦煩惱才可能消除。

雖然圖謀錢財的逾量，就現實中人來說另有想望名聲、榮耀、地位和權力等深層原因，而在未能超脫上錢財越多就越能顯示這些抽象的東西，以至於追求錢財變成一種永無止境的活動，但這一貪得無厭的情況只要受挫，很可能就會一敗塗地。好比現今可以實現世人一夕致富美夢的樂透彩，真的中獎的人又如何？恐怕也是「什麼也保不住」！

例子如美國伊利諾州那個三十七歲的廚師，在贏得樂透彩三百六十萬美金後，不到幾天就心臟病突發，一命嗚呼了，據說是因為受不了得獎的壓力。還有一位曾在德國被大肆報導過的「樂透先生」，也在贏得三百九十萬馬克樂透彩後，從只喝得起廉價啤酒的失業貧民，搖身成了穿金戴銀、皮草加身的大富豪。夜夜笙歌、酒色才氣的結果是，五年後他掛了。類似這種事與願違的現象，讓撰寫《窮得有品味》的封‧笙堡（A.von Schönburg）在引例後，很快的得出這麼一個結論：「所以事情的結果可能跟我們想像的剛好相反：我們認為幸運的事，可能是導致災難降臨的最大原因。」

王爾德說得好：「如果上帝要懲罰一個人，就是傾聽他的願望。」看來大家還得切記不能隨便賭運氣；否則僥倖得到意外財後，性命也差不多要賠了回去。

既然錢財隱含有這種危險性（貪求不夠時會發狂，而貪求多了會送命，都無法保證有益生涯的規畫），那麼看淡它而清貧過活也就勢在必行了。只不過為了不讓「手頭不寬裕」而影響生存的意志，同樣致力於才藝的追求，以便足夠憑藉邁向最終的解脫，自然就成了最需要看重的事。這樣生活固然還是維持清貧形態，但它的高貴性卻已處處流露，從此不必再為「錢太少」的無謂煩惱而自絕於解脫嶄向。

第十一篇：愛欲的煩惱如何了卻

最初的人是球形的……可想而知，他們能滾得非常快……宙斯說，我有一個辦法可以削弱人類，既能消除動亂而又不至於把人類全部毀滅。我提議把他們全都劈成兩半……這些事都做完以後，那些被劈成兩半的人都非常想念自己的另一半……這種愛不斷地使我們的情欲復甦，尋求跟他人合為一體。（柏拉圖〔Plato〕《饗宴》）

01 愛欲是生物本能

世上大概沒有一件事會比愛欲更讓人刻骨銘心，它不僅能夠完全霸佔人的感覺，而且還可以隨時轉移那種感覺給新對象，造成有那麼一種心思不斷地在醞釀、伸展和曲折等，遠非其他情緒遭遇所能相比。

對於這一愛欲，在重視集體倫理的氣化觀型文化中，頂多有告子和孔子等思想家分別述及「食色，性也」和「飲食男女，人之大欲存焉」，然後就輕輕地帶過去了。只有強調個別倫理的創造觀型文化，才會極力去享受和探討它，如今已實踐出「固態」（堅貞不二）、「液態」（嗜新變換）和「氣態」（精神迷戀）等多種愛欲觀念。至於緣起觀型文化，則以愛欲為痛苦生死流轉的近因（遠因是盲目的意志活動），只有戒絕一途，根本不可能會加以崇尚。

綜合前兩系的肯定性說法，愛欲基本上是緣於人的生物本能。只是創造觀型文化那一系特別感興趣該本能是怎麼產生的，因此在一神教的「上帝創造說」還沒有成形前，就先有了前面那個故事的「剖半說」出來引人遐思，無非是要合理化該文化中人多變的愛情觀，因為尋找自己的另一半總是有多樣的可能，誰也無力限制個人相關欲望的流動。

02 制約在社會和經濟學定律

縱使愛欲從神話時代就糾葛到現在，但真的要論及它的裂變繁亂，則以時序推進到後現代為分水嶺。那是創造觀型文化經過現代的各種啟蒙建設後，企圖要將它毀棄而以解構代創新所連帶逼出的，非創造觀型文化中人如果也有感受那一股威勢而躍躍欲試的話，那麼它也是前者強勢推銷影響的結果。於是當愛欲中的親密關係就像電子網路隨時可以按刪除鍵後，一個漸呈普遍性專撿「液態」路數的時代就成形了。

這種液態的愛欲觀念，被包曼 (Z.Bauman)《液態之愛：論人際紐帶的脆弱》說成是源自「所有的愛都力求獨佔，但就在它勝利時，它也會看見自己終極的挫敗。所有的愛都努力埋藏它不安和遲鈍的源頭；但一旦它成功了，很快就會開始枯萎」這樣的心理轉折；而更原始的，則是任誰都會駭怕的失去：「所有的愛都帶著食人族的衝動。所有的愛人都想抑止、撲滅、洗去那惱人的『異己』，就是它，讓自己和所愛分離；跟所愛分離，是愛人最深的恐懼，許多愛人會竭盡所能去逃離永別的幽靈。」正因為愛欲有它的脆弱性和易變性，所以就不能保證可以往堅貞不二或精神迷戀方面去自我定位。然而，這在中西方社會還得看本身文化能夠給予的支持有多深。

就以愛欲的表白為例，西方向來都以個人為社會結構的基本單位，習慣以對上帝坦白的方式在對待同類，以至有愛欲就會急於陳述（駭怕對方不知道）。像「我會用一百年的時間讚美／你的眼睛，凝視你的額眉；／花兩百年愛慕你的每個乳房，／三萬年才讚賞完其他的地方；／每個部位至少花上一個世代，／在最後一世代才把你的心秀出來」、「我將愛你，親親，我將愛你／直到中國和非洲相連／河流跳越過山／鮭魚在街上唱歌」和「我親愛的心悸的小星我愛你／美妙的彈性胴體我愛你／外陰緊似榛子夾我愛你／左乳如此粉紅如此咄咄逼人我愛你／右乳如此溫情的粉紅我愛你」等分別為馬維爾（A.Marvell）、奧登（W.H.Auden）和阿波里奈爾（G.Apollinaire）的詩作，所見大膽揚露的示愛情況，可以為證。

　　至於中方向來都以家族為社會結構的基本單位，凡事不太有自作主張或任意作為的機會，連向人表達愛意都要偷偷摸摸（免得遭受旁人嫉妒而從中作梗破壞），因此有關的吐屬無不像晏幾道詞「長相思，長相思。欲把相思說與誰？淺情人不知」、《三秋別恨》曲引「相思病漸加，淹纏都為他」和〈上邪〉樂府「上邪，我欲與君相知，長命無絕衰」等這般的隱忍思長。而這到了現今社會，即使可以透過影視、書刊和旅遊等觀摩體驗，西方那一噴薄曠放的愛欲示範，還是不容易有賣點，更別說有人敢全力去仿效了。

　　顯然在我們這裏，愛欲要被社會制約得多一點；而同樣愛欲會有的報酬遞減（舊經濟學定律），在西方因為發展出「液態之愛」而很輕易轉成報酬遞增（新經濟學定律），也不如我們單受一式困擾那麼深。但不論如何，只要有牽絆存在（西方人常換伴侶所顯現的不盡如人意境況，形同裏面有纏礙難以排除），就會影響到最終的解脫。

03 纏綿悱惻到幾時

愛欲的發動，最大的特徵是纏綿悱惻。這從一般人到英雄才子，都沒有差別。因此，如《詩經・關雎》所說的「求之不得，寤寐思服。悠哉悠哉，輾轉反側」，已經頗見縈念；而元好問〈摸魚兒〉所說的「恨人間情是何物，直教生死相許」，則更顯繾綣，幾乎還沒有一種情緒反應可以比得上它的長繫戚淒了。

至於愛欲所得到的滿足，那就是寵辱都忘，甚至連江山都可以不再經眼了。於是就有索福克勒斯(Sophocles)《安蒂崗妮》對它作了「沒有一位神靈／能從你手中拯救自我／也沒有任何凡人能逃得過你／在這無情苦澀的人生」這類至高無上的歌頌，宛如此生只此一物具備，就足以死而無憾！

但相對其他較有理則的情緒流露，愛欲卻又顯得價值懸缺，不知道它在沒有別的更勝事物可以轉為作用的情況下，是否還能恆久性執著。也就是說，愛欲倘若不能成為創造發明的動力，那麼它的韌性恐怕也會隨著歲月增長而鬆弛。反過來，愛欲能夠轉為作用其他更勝事物，這樣已有那更勝事物可以彈性取代它，愛欲就不必再行深為惱人，從此淡化它或放逐它也無所謂了。這是愛欲終究得從纏綿悱惻中脫離的一個關鍵點。

04 被愛欲捆綁的後果

嚴格的說，愛欲的存在比什麼都詭譎，乃因感情事的變數特多，不是任何一方可以憑己意掌控，也不是在僥倖擁有後就不再生變。如在中方，由於羣居的關係，情愛的存活率幾乎等於零（試問隨時暴露在家人或族人的注視下，誰能夠毫無忌諱的表達愛意呢）。它不是因為事涉張揚而容易被他人橫阻，就是因為駭怕遭嫉而自我主動全面封閉，永遠難有美好的結局。

又如在西方，固然因為別居的關係而可以有自由戀愛的機會，但欲求永不饜足的問題仍會是他們深感痛苦的來源。所謂「任何事情都無法取代愛的痛苦，即使是被愛的痛苦也不行」、「愛情最溫柔的部分，就是它的暴烈」和「由於愛你，所以我離開你，因為在愛你的同時我失去了自由」等載於沙羅梅（J.Salomé）《每個愛的早晨都有夜晚》的語錄，不就充分體現了那被愛欲挫傷和唯恐受縛的尷尬心情麼！

無法強伸愛而要強伸，或者可以自由促發愛欲卻又不勝自由促發，二者都是被愛欲所捆綁的徵象；而這種捆綁，動輒要付出虛擲人生的代價，甚至還可能過於沉迷枉自殉情而賠了性命。至於因此而壞事的，古來又不知凡幾（只要沾上「衝冠一怒為紅顏」或「不愛江山愛美人」邊的，都在這一壞事的行列）！

05 了卻的途徑

將愛欲視為本能，所會遭受最大的挑戰，就是愛欲除了能紓解人湧升或過多的物理能量，似乎就不再有什麼特殊的作用。但如果把它升格而賦予可激發創造力的文化功能，卻又顯得沒那麼實在，畢竟在擁有它的絕大多數人那裏根本看不到這一特性。因此，愛欲終究得從新定位它在解脫路上所該扮演的角色。

首先，愛欲只合當它是過場而不合是目的。其次，即使當愛欲是過場，為了不被可能的阻力所干擾破壞，也得將它的重要性降到最低（才不致患得患失）。再次，將愛欲的重要性降到最低後，所騰出來的心力得轉向最終的解脫去發用（否則它會死灰復燃而更恣肆伸展）。除了這樣，沒有其他更好途徑可以用來了卻愛欲的煩惱。

第十二篇：解開親情的困局

馬爾巴因兒子被殺害而傷慟無比。一名弟子說：「您常告訴我們，一切都是幻相，令郎的死豈不也是一種幻相？」馬爾巴答道：「你說的沒錯，但我兒子的死是一種超幻相。」（佚名《西藏之道的實踐》）

01 世人都在迷親情

求功名、攢錢財、貪愛欲和迷親情等，是世人不捨執著的四件要事。當中又以迷親情最具「總綰」效果。也就是說，求功名、攢錢財和貪愛欲等，多少都會匯聚為對親情的挹注和摶就，以至迷親情就成了此間最難割捨的心理擔負。正如上面那個故事所喻知的，縱使是修行者也無法看破親情這一關。

還有一個出自劉義慶《世說新語・傷逝》的同類型故事說：「王戎喪兒萬子，山簡往省之，王悲不自勝。簡曰：『孩抱中物，何至於此？』王曰：『聖人忘情，最下不及情，情之所鍾正在我輩。』簡服其言，更為之慟！」由悼亡反觀，親情的令人著迷，大概還沒有他事可以相比。換句話說，求功名緣於「有人辭官歸故里，有人漏夜趕科場」而有一半的機率自遺；而攢錢財固然「天下熙熙皆為利來，天下攘攘皆為利往」帶有普同性，但只計小利就可以過活的仍然佔不少比例；而貪愛欲即使要受「天長地久有時盡，此恨綿綿無絕期」的心理煎熬，但也因為緣分有命在無法強求而少不得要看破淡去，都不及迷親情那樣恆久性的付出牽腸掛肚的代價還不足夠！

02 親情的糾葛

親情最基本的流露，在於孝順父母和疼愛子女。這「一體成形」的情感發動，除非有不克孝順和難以疼愛的條件，不然它都要維持在一個相當穩定的結構裏。這個結構，雖然根源中西方文化背景的不同會有框限範疇差異，但整體上它都對人進行無從出離的倫理制約。而相關的糾葛，也就因此而發生了。

好比瞽瞍不父，屢次要加害於舜，但舜仍侍奉不輟。於是當桃應問孟子，貴為天子的舜，如果在發現瞽瞍殺了人後，是不是會叫他所任命的士師皋陶前去逮捕？依《孟子・盡心》所載，孟子的回答是，舜不可能為了沽名釣譽而做這種事，他會拋棄天子的職位，背起已經瞎掉的瞽瞍，沿著海濱逃匿而去，不讓老父遭到法律的制裁。由於整件事僅為假設存在，所以我們也沒得判斷屆時舜究竟會怎麼做，但這確是一個可能的兩難困境，只因為對方是自己的父親。

相對的，凡事不能全心對待親人的，所受的困擾勢必會更深。就像魏國名將吳起，據《史記・孫子吳起列傳》所述，他可以為士卒吸吮膿疽，親逾人父（士卒的母親聞知，傷懷哭泣不止，因為她的丈夫正是受到同樣的待遇而為吳起衝鋒陷陣，早早就命喪沙場了，她擔心不久又要失去這個兒子），但在先前居魯時知道母歿卻不回去奔喪，釀致他的老師曾子氣得跟他斷絕了師徒關係，想必這裏面有更多不堪的隱情，才讓當事人如此絕情，同時也招致外人不孝的罵名。

03 經常縹緲有如雲霓

沉迷親情的人，總是情所難捨於血緣的分定，而不忍棄孝養於不顧。因此，縱使有極少數人因為家庭紛爭或其他緣故而悲情的宣告脫離親子手足關係，但絕大多數人還是會將它奉為先驗的倫理價值而甘願受它的折騰，甚至不惜以死明志來表示對該親情的執著。

歷史上最著名的例子，當數楚昭王時代的士師石奢。從韓嬰《韓詩外傳》的記載來看，石奢是一個公而好直的人，有一天道路上發生殺人事件，他前往捉拿兇手，一看卻是自己的父親。他空手回去覆命，稟告楚昭王他不能將父親繫罪，因為那是不孝的行為，但未能執行君法的不忠罪他必須承擔，於是自行伏在鍘刀下準備受刑。楚昭王認為事情沒那麼嚴重，要他寬懷，就當兇手跑掉算了。然而，石奢覺得法不能失守，而自己的廉正也不能蒙羞，所以沒有領受楚昭王的恩惠，自己加刑刎頸而死於廷上。這不就暗示著：親情這一先驗的倫理價值，在必要時得以死志去捍衛麼！試問在類似的關鍵點上，還有那一件事比得上它的錐心磨人？

只是磨人歸磨人，親情的俱在性卻也多有「報償不在」的情況。緣由就在子女對於能孕育的父母無從表達所孕育的意願；而父母對於所孕育的子女，也無從加以刻意的模塑。彼此既然都是這般無奈，也就不需要對對方有所苛責或寶愛，否則就有私心在裏頭作祟了。但很遺憾的，人似乎永遠看不透這一點；不是以責善的態度相對待，就是以溺愛的心理相縱容，造成親情大變質而不免上演一些親子相互殘虐的人倫悲劇。由此可知，親情在私心介入的情況下也就沒有那麼實在，甚至經常有如縹緲的雲霓，眩目有餘而真實不足。

04 放不下的仍得自行擔去

所以說私心介入親情的運作會讓它虛無縹緲化，是因為親情這一理應是天性的發用一旦夾纏有現實的其他欲望，那它很快就會變質而不再保有原先的純粹性。但說實在的，誰又能夠無私的把那純粹的親情維持下去？到頭來還不就是所有的親情流露都要帶著或輕或重的利益的算計？

且看蘇軾的〈洗兒〉詩「人皆養子望聰明，我被聰明誤一生。唯願孩兒愚且魯，無災無難到公卿」和陶潛的〈責子〉詩「雖有五男兒，總不好紙筆。阿舒已二八，懶惰故無匹。阿宣行志學，而不好文術。雍端年十三，不識六與七。通子垂九齡，但覓梨與栗。天運苟如此，且進杯中物」，這豈不都是把自己人生的不如意寄託在子女身上想取回一點顏面嗎？不然為什麼要兒子走「反路」和力學「上進」？也難怪世間親子不同道的多，畢竟彼此都是無可取代且沒得相強的個體呀！

中方的情形是這樣，那在西方又如何？基本上西方只有神／人的「親子」和人／人的「兄弟姊妹」這二倫，所以對塵世的父母（如同兄弟姊妹）就沒有中方特重家庭倫常所見的親情負擔（父母老了，有他們所設計的社會福利制度照顧而不必由自己奉養，在情感上當然不及對終身在侍奉的上帝那樣愛深）；最後大概只有父母對子女的憐愛（自比上帝對祂子民的憐愛）可以一比。正如《舊約聖經・創世紀》所載，上帝為考驗亞伯拉罕的忠誠度，叫他把兒子獻為燔祭。亞伯拉罕從頭到尾縱然焦慮萬分，但還是照上帝的吩咐做了（結果卻是虛驚一場）。可見這裏的失子焦慮仍是源自親情的可以寶貴，但在上帝是必要的終極的所愛對象一旦確立後（這樣才能獲得救贖），這一切就大有鬆動的空間。雖然如此，西方的憐愛子女一項是唯一可以執著的，所以依舊有異樣輕許的迷親情的問題存在（不同於中方的「愛深責切」那般嚴肅吃重）。因此，只要有放不下的，就得自己再行擔去，不斷地被它凌轢折磨。

05 不再執著才能解脫

以迷親情為藉口，而不肯匀出心力去追求最終解脫的人，在相當程度上都有《紅樓夢》首回所著錄〈好了歌〉說的「世人都曉神仙好，唯有兒孫忘不了。痴心父母古來多，孝順兒孫誰見了」那一痴心病。以至只有減卻該痴心病，相關的解脫嶄向才能逐漸明朗化。

當然，決意斬絕層疊的養育或撫慰的情關，一定少不了心理焦灼和艱難抉擇的過程。就像唐傳奇李復言〈杜子春〉所敘述的，故事中那名道士為杜子春的受渡成仙所安排的種種磨難（施以惡鬼、夜叉、猛獸和地獄困妻等試探），最後卻被當事人一聲憐子的長噫而前功盡棄。顯見要斷然的割捨親情，是多麼困難的一件事！但我們又知道，過度沉迷於親情而不能自拔的，不啻是在逆反解脫道（誤把變質的親情當作自我的成就）；以至適時的放下執著，才能從新上路。

至如這一「適時的放下執著」又如何可能的問題，則可以「但盡本分而無所奢求」為準的。所謂但盡本分，是指該奉養父母到終老和撫育子女到成年的，都得真心踐履；而所謂無所奢求，是指沒有額外的指望榮名傳揚和克紹箕裘或光耀門楣等情事憂心。這樣就可以少去「後顧之憂」或「牽絆致礙」，而順順當當的邁向解脫的旅程。

第十三篇：另類塵世急迫感的應對

一位富有康居商人，聽了佛經後，將皈依佛，把自己所有的金銀財寶載上兩隻船，預備讓它們沉入海底。他沉了一隻，正準備沉第二隻時，一羣僧人跑到岸邊，懇求他別再沉船，可以用那些錢財來施捨。（謝和耐〔J.Gernet〕《中國五～十世紀的寺院經濟》）

01 緣何急迫

全面性的去執功名／錢財／愛欲／親情，以及克服死亡的憂慮和消除靈異妨生的恐懼等，有能耐這般演出的，可說解脫智慧的發用已經完成了一大半，剩下的是一些或顯或隱穿插在這中間的解脫課題。當中有一個緣西方文化而來的另類塵世急迫感，可能是我們優先要有效去應對的，因為它早就經由全球化而感染影響到普遍人類的生活，並且引發了不少後遺症。

原則上，只要高懸解脫進路的，都有某種程度的急迫感（駭怕到不了目的地）。就像前面那個故事所印證的，緣起觀型文化中人以為行善可以避免墜入惡道，所以才要強留那位商人的金銀財寶藉為施捨；而這不論是否有助於最終體證佛解脫，都顯示緣起觀型文化也著實自我醞釀了一種歷世的急迫感。

其他兩系文化，都以入世為尚，類似的急迫感自然更深且重。只不過有塵世急迫感是一回事，能夠解脫又是另一回事，二者可以有交集但未必真會交集，所以把它帶出來就是為了正視它，希望相關的智慧能夠一併有所應對。

02 中西不同調

縱是其他兩系文化都不注重出世，但彼此在入世的方式上還是不同調。中式的塵世急迫感，會比較集中在第六篇所舉立德／立功／立言等不朽事的勠力上。如《論語．衛靈公》所載孔子的焦慮「君子疾沒世而名不稱焉」，約略就是這種急迫感的具體顯現。而基於對立德／立功／立言等美名的迷戀，中國傳統社會也的確孕育了甚多在文德武功和文藝創作上各領風騷的人物，他們想要為依仁合道的最終解脫樹立典範的用心都不難理解。只是一切傳承到晚清，因為一連串軍事挫敗於西方的船堅炮利，所以從此就惶恐得不顧細思而卯上了轉向取經仿效的行程，馴致自我文化的面目日漸渙散模糊。

原本可以寄望一些對傳統文化有較深認識的人（如當代新儒家），出來講說踐履而將時局加以扭轉，但他們卻也是一副非得跟西方文化接軌不可的絕決態度，還極力倡議把傳統文化所重視「綰結人情／諧和自然」的道德主體性抑住（稱為良知的自我坎陷），而致力於開出西方科學／民主的新外王事業。殊不知這是兩種不同的文化系統，相融性低到極點，根本難以如他們所願。

現在眼看著海峽兩岸不斷地棄逐自己的文化，卻又只能尾隨歐美強權在討活計，不僅無法汰換體質改變生活，而且也沒有能力創新以為反凌駕或卓越領航，這又豈是一聲浩嘆所能了結？更嚴重的是，這除了超前別人無望，連自家文化所可以在後全球化時代再發揮濟世作用的本錢也不知道要從那裏去拾得，徒讓一體化的西方政治、經濟、科技和思維模式等在加深糟蹋荼毒已經不再美好的地球！

03 西式的塵世急迫感

對取用物質資源一點來說，緣起觀型文化和氣化觀型文化原所分別體現的斷欲和節欲的作為，是不可能造成能趨疲危機的；只有一向縱欲慣了的創造觀型文化，才會激勵大家相互看齊，一起走向不可再生能量即將飽和而使地球陷於一片死寂的臨界點。

西方人所以會這樣騎虎難下式的主導全局，主要是他們配合上帝信仰而一起秉受的原罪觀演繹成普同幻想所促成的。也就是自從原罪觀被基督教徒定為典律後，就不斷地繁衍出人的必然死亡和尋求上帝救贖的塵世急迫感，終而演變成當今全球化後遺症不停抵銷浮華榮景的難堪局面（相對的，同為創造觀型文化支裔的猶太教和伊斯蘭教，由於沒有原罪觀念，所以就少了後續的衍變）。

換句話說，正因為有原罪教條的強為訂定，所以導致基督教徒必須倚賴救贖而出現明顯的不安於世狀態。這種不安於世的積重難返，就是到了十六世紀宗教改革後新教徒（並刺激帶動舊教徒）的相關反應的逾量表現：新教徒脫離舊教教會後所強調的「因信稱義」觀念，為了有助於在現實中謀生和爭取較高的社會地位，逐漸演變成要以在塵世累積財富和創造發明（包括哲學、科學、文學、藝術和制度等的建樹翻新）來榮耀上帝或當作特能仰體上帝造人「賜給他無窮潛能」的旨意而不免會躁急蹙迫；尤其是在為了快速致富的資本主義和方便掠奪資源以供體制順利運作的殖民主義等隨著矯為成形後，更見這種過度的煩憂。

由於舉世都還不熟悉這套謀生兼解脫方式，所以在新教徒締造現世巨大成就以及武力殖民取得支配優勢後，他們就自然孳生出了一種優選觀。而這一觀念既然定型了，相伴的殖民災難隨後四處蔓延，一直到今天仍未稍見緩和（過去是靠軍事殖民，現在是靠政治、經濟和科技殖民）。

04 相關急迫感的後遺症

資本主義和殖民主義合謀後，就是全球化噩夢的開始。我們看，追求富足／進步／榮光原是西方人的現世指標，但當全球被納入一個價格均一、競爭標準統一和全面規模利潤的考量等整合計畫裏時，所有的地緣經濟和地緣金融等就會向社會輻射擴散，而被普世所崇尚，以至像馬特拉(A.Mattelard)《文化多元性與全球化》所指出的「全球經濟一詞蛻變成為表達及感受世界命運的統一媒介」，也就儼然如實成形了。但這樣的全球經濟越演越烈，所造成的耗能及其生態危機，除了不能保證持續繁榮，還更根本的威脅到生存，而這卻沒有一併被計算在內。

以耗能來說，最驚悚的莫過於全球油源正快速耗盡，預估到二〇四〇年就一滴不剩了。還有其他原物料也正邁向絕對頂點，如銻、銦、鉛、銀、鉭、鍚和鈾會在二十年後告罄；鉻、銅和鋅不到四十年就會用完，鎳和鉑將緊接在後。此外，糧食和水也早就供應不及了。而以生態危機來說，本來我們生存的美好星球，現在綠洲一點一滴地消失而沙漠日漸蔓延、因為燃燒石化燃料使得地球升溫將近一度、南北極冰層隨著溫度攀升一直在緩慢融解中、許多河川的流量遽減和廣大冰原迅速的消退、熱帶地區的風暴威力更強大和海水由於人類的高排碳量而變酸了三成，以及各種化學物質和廢棄物的汙染等，導致全球性的大災難隨時可能會發生。

上述這些，經過李柏(S.Leep)《石油玩完了》、麥奇本(B.Mckibben)《地球．地殊：如何在質變的地球上生存？》和巴洛(M.Barlow)、克拉克(T.Clarke)《水資源戰爭》等的蒐證警訊，理應要廣為人知了。但遺憾的是，西方人明知這是他們所種下的惡果，卻沒有誠意改善，不但連帶鼓動全世界參與耗能的行列，還不斷以開發新能源且美其名為綠色經濟的新資本主義領航，繼續在猛闖地球潰爛的傷口！

05 應對在淡化原罪觀

全球化本身就是一個爭奪資源和窮耗致禍的歷程；而它一切向錢看的畸形倫理，也早把人性扭曲到無以復加的地步。好比為了裁員，倫敦一家保險公司乾脆啟動警報系統佯稱火警，等全數人自動離開座位後，所有被裁員工的晶片都失效了。另外，美國一家投資銀行在旗下的倫敦分行舉辦樂透抽獎，抽到「0」的人就必須自行離職。這還只是系統內部的社會達爾文主義式的殺伐，倘若再擴及西方跨國企業的到處掠奪，那麼留給當地社會的豈止是一個血淋淋的創傷可以道盡！

從種種跡象來看，全球化再不逆反，而資本主義和殖民主義再不停止，人類就要相互毀滅而地球也即將萬劫不復了。而這應對，最根本的就是西方人得自覺及非西方人得促其省悟而淡化對原罪的信念，從此把嚮往天國的熱情轉移到對塵世的愛護，別為思考其他成神的解脫辦法，讓大家能夠安心的在地球生存。至於另外兩系文化中人，也得脫離大意陷落被連累遭「神控」的色彩，重返自己原有的航道，才庶幾可望計及最終的解脫。

第十四篇：撥除靈療的迷霧

許多來電者都是童年曾經受虐的成人，而那些已故的施虐者想要有所彌補……如果我的客戶願意寬恕她的施虐者，祂們的靈體就會離開……通常她會發現死去施虐者的離開，可以減輕沮喪、焦慮、失眠和過食之類的強迫症狀。（芙秋〔D. Virtue〕《靈療．奇蹟．光行者：一個博士靈媒的事》）

01 從靈異到靈療

塵世急迫感在靈體恆久性存在的前提下，基本上是不應該有的（因為解脫是生生世世都得進行的，它無妨可以延續效應而不必急於一時）；但一旦有了塵世急迫感，它除了在體驗解脫上會衍生許多無謂的困擾，還很容易引發其他靈體欺近相狎而造成額外的糾紛繁亂。舉凡人所有的憂鬱、躁鬱和精神分裂等徵兆，幾乎都是緣此而來。而感應不敏銳的人，還以為心理出了狀況，徒然忙於求醫問診。

即使能夠理智審慎面對解脫事的人，也難保不會有外力干擾而影響到他解脫的進程，畢竟嫉妒、促狹和搞破壞等行徑乃人間常態，而通到靈界也相仿，不大可能有人特別幸運從未遭遇到這類的對待。至於在察覺這個問題有待解決的過程中，由於干擾源的隱藏性和廣泛性，所以多半會連結或關涉到靈異上。換句話說，它是緣於靈異刻意顯示而感受到靈擾，最終想及要尋求靈療。

因此，靈異就成了一個靈療歷程的形式因，始終制約著靈擾的質料因。好比上面那個靈療故事所透露的，靈媒幫助當事人找出了靈擾的根源；而經由協商成功，終於化解了伴隨靈擾而來的靈異現象。

02 靈療的系統差別

顯然走在解脫路上，也得有因應靈療問題的智慧，才能保證不會旁衍無謂的心力浪費而影響到最終解脫的品質（這是說靈療問題處理不好，勢必會有麻渣不懌感覺，從而迫使解脫草草了事）。而這在第八篇談到清除靈異妨生的恐懼時，已經舉示過相敬兩安／無求自高／修鍊護體／鍊才全身等正面策略，現在則要接著談「如果不能時要怎麼解套」的消極應變作法。

一般所說的靈療，是指透過靈界授意的靈媒（通常是說「領有執照」）中介溝通，或轉達神靈指示，或協調鬼靈放行，使得受到靈擾的人釋去負擔而回復正常的生活。但這在不同文化系統中，卻有差異弧度極大的表現，無法一概而論它的適用性。

像林少雯《現代異次元：十則靈療的故事》所著錄的「看吳先生辦事，真是大開了眼界，不但沒有像道士那樣的作法，也不像乩童那樣被靈界上身，更不必祭拜、燒紙錢，只需要用意念相互溝通，幽靈就順從的願意被渡走」，這就是中土社會的作法，靈媒藉神靈力量迫使鬼靈退讓，而當事人則是先有愧欠於鬼靈。

又像芙秋《靈療・奇蹟・光行者：一個博士靈媒的故事》所著錄的「珊卓在第一次諮商時就釋放了她對馬可仕的諸多不諒解。在那次諮商的尾聲，馬可仕因為有機會彌補而感到寬心。祂向我們兩位表示歉意……在第一次諮商後，我們就再也沒有看到馬可仕或是聽到祂的消息了」，這就是西方社會的作法，靈媒直接轉述鬼靈乞求原諒的願望（不然祂在靈界會被懲罰或受拘限），看當事人是否接受，而該鬼靈則是生前曾經虐待過當事人。

上述是緣於兩系文化各自以團夥為生易起衝突和獨立過活卻不免在幼時於小家庭中被霸凌所形成的靈療背景。此外，還有緣起觀型文化一系，它以業力自招自解為旨趣，有關他人靈療這件事並不盛行。正如釋迦牟尼的大弟子目犍連，號稱神通第一，但他卻遭到婆羅門人杖打至死。其他弟子都很納悶，就問像這樣可以在天地間自由往來的人，為何保護不了自己？釋迦牟尼

回答：「神通不敵業力。」因為目犍連前世販魚，殺生無數，所以這輩子必須以被殺方式償還。可見這一系的靈療觀，大有別於前兩系。

03 靈療和權力的糾纏

不論靈療的形式如何，只要是靈媒在居中協調的，那它就必然有所屬靈隊的勢力範圍等待拓展。也就是說，如果現實中人有生理疾病就會去求醫而構成一種病人和醫師的權力關係，那麼寄存在肉身內的靈體遇到外靈干擾去求助自然也構成一種人和神的權力關係。當中被選中專為效勞的靈媒以及可能從中搗蛋的靈體（大多為鬼靈，少數為物靈，也不排除有其他的神靈）等，就成了綰結這一權力關係的助手或觸媒；而在更複雜的層次，所謂的靈擾其實都是為形成或鞏固該權力關係的戲碼，一旦儀式化後就可以從此結成大大小小的靈隊。這種靈隊摶塑儀式的明顯化（也就是透過靈媒來紐結人神的關係網絡），不啻是現實中因利益而成羣結黨的翻版，彼此會在異時空裏循環互進。

因此，靈媒所以必要，就是因為有兩界的權力糾纏作為終極的保障，它的護教或護法式的色彩永遠透露著大家深處在必須不斷協商折衝才有得安居的情境裏，從而讓靈療一事成為跨界顯義的樣板。

未憭上述這一精義的，就得片面接受靈媒起初所告知的倫理欠償或政治排除異己一類膚淺的靈擾理由，殊不知它的實質性已經轉成權力騷動乃相關行動最深微的促動者。這麼一來，凡是有靈媒介入處理靈擾問題以及要求當事人配合辦理要項的情況發生，也就是一個隱形權力場域的營造完成，而受支配擺布特深的永遠是那最欠缺資訊的求助者。

04 療效的問題

事實上，靈療的啟動，也未必只限於現實中人的受擾求助，靈界許多無處掛搭的靈體也會有所期待類似的療癒。

好比林則徐奉清道光皇帝命南下禁煙，他在虎門銷煙前就先撰文祭海神，通報此事，請水族迴避，以免受到鴉片的危害；然後才引火燒煙，再用水沖刷，流入大海。這種體貼的作法所要治療的對象，則是那些海中的物靈（包括寄存在水族體內的物靈）。又好比明清的科考，有一不成文的規定，在考生入場的前一夜，試院內要舉行召請恩仇二鬼的儀式，讓祂們方便對考生「有恩的報恩，有仇的報仇」。這種人性化的舉措所要治療的對象，則又是那些苦無機會報償的哀哀鬼靈了。不過這已要扯遠，恐怕有失焦的疑慮，所以就不再多談了。

說實在的，所有靈療的案例還看不出真有完全成功而不再孳生事端的，因為倫理欠償（不論是基於錢或情或命）或政治排除異己（不管是緣於詆諆或羞辱或壓抑或霸凌）豈是那麼容易經由第三者的協調就能化解的？再說當事人累世有意無意歉欠於他人的不計有多少，又那能知道什麼時候對方不會再來索討？以至求助於靈療也就永無了時。結果是自己被套牢了（就像有生理疾病尋醫而被醫療體系綁住一樣），而應有自行發掘病根且予以有效對治的能耐一點也沒有培養出來，雙重失落的後果顯然可以預見。

這是說靈療的效應不該被高估，它理當要引導我們覷見或發現權力欲求的跨界重現的不可避免性，以及靈療盛行的跟原為對治文明病（時代危機和人心浮動等轉為逼出靈療的公開化）的歧出扞格。前者，是指權力這種「儼然是生活最真實的形式」的對他人的影響或支配力，它只要在心中醞釀而形成一種意志，很快就會外發為生活場域的強勁競爭力；而這種競爭力在靈體的無止盡的流轉互動過程中也勢必要不斷地跨界重現（甚至更變本加厲的循環互進）。至於後者，則是起因於靈療隨著為對治文明病的新療法興起而公開化，並沒有回返轉求自足，反而在跨界重現權力欲求的當下加劇了文明病的蔓延；而這只要看看社會中靈療盛行而絲毫不減大家昏茫奔競的心理就可會意一二。這樣靈療的應時性就不自覺的走到歧路上去，而社會也合該權力高度相軋沒有盡期了。

05 迷霧終須掃除

靈療既然無法如所預料施展它的功效，而解脫又不能延誤，那麼從新思考應變方式也就有它的迫切性。這在總說上是「中止靈療」為最高要求；而在細說上則是把緣起觀型文化所見「不思善不思惡」的獨特倫理作為和氣化觀型文化並具「逍遙自適」的善攝方案等，予以強化踐行，才能夠身處當世而免卻隨波逐流；同時受到創造觀型文化感染競相短視冀謀物質幸福的自毀災難，也才有緩和的一天。

至如不是緣於自己虧欠（而是外靈的強加威嚇），而還有干擾的情況，那就可以採取不計較和不反激的對策，謹依孔子曾經說過的「以直報怨」態度相應，諒必對方再也沒有理由持續騷擾或進一步脅迫算計，從而將靈療的迷霧一舉加以掃除廓清，而便於自己開闢合適解脫的坦途。

第十五篇：搬開全球化的絆腳石

在波士頓的一次競選演說上，民主黨候選人凱瑞在雷鳴般的掌聲中慷慨陳詞：「布希在他的方向盤前面呼呼大睡，讓中國人為所欲為！」敵人「在盜竊我們的專利證書，從好萊塢影片到威而剛」，他們還實施了「掠奪性的貨幣政策」。他許下諾言，一旦進入白宮，就要對「北京一直採取的違反對國際承諾的非法貿易手段」進行堅決鬥爭。（伊茲拉萊維奇〔E. Izraelewicz〕《當中國改變世界》）

01 地球在發燒

展望解脫的前路，因為有成神一系不當的塵世急迫感在蠱惑大家一起短視好利而耗能致禍，使得擠進七十億人口的地球不斷在拉能趨疲的警報，所以才要有相關的應對策略。而從舉世都不自覺掉入西方人所帶動全球化的陷阱來看，這裏面當也還有份量同等重要的迷思要袪除。正如前面那個故事所徵示的，被鼓舞起來向經齊強權看齊的國家（如中國），一定有不受恫嚇的本錢，西方人在深感權威受威脅前，得先想清楚自己是怎麼把人家帶到這個境地的。

整體來看，全球化早已迫使地球承受過多的摧殘壓力，而逐漸自體燃燒了。但可嘆的是，還是有像菲蘭德（S. G. Philander）《地球發燒》明知有此一跡象，卻仍要將它轉成是可以博奕的對象（而不是直接發出警訊）：「這是一場世紀豪賭……有些專家提出警告，認為我們輸定了；而有些則向我們保證，全球暖化的機率非常低，結果必定是對我們有利的。」問題是正在發燒的地球，不可能等著大家「讓它持續發燒看會有什麼結果」，一旦能趨疲的末端到來，一切就會化為烏有，我們連看一眼最後結局的機會都沒有。

02 騎虎難下和盲目跟隨

面對這種情境，西方世界為了維持發展優勢固然騎虎難下而合該受到譴責，但非西方世界的盲目跟隨卻也難以擺脫罪過，畢竟大家都在同一個地球上，一榮俱榮，一損俱損，不會有人可以僥倖的免受災厄的侵擾。

只是現在的局勢是開發中的國家崛起了，歐美強權不但不反省檢討自己的偏失，反而把矛頭指向這些國家的道德淪喪。好比新世紀初就有肯吉（J. Kynge）《中國撼動世界：飢餓之國崛起》，對中國有關石油、金屬、木材和糧食等的需求孔亟現象予以詬稱，並以大象走進瓷器店作譬，警告大家要留意它的衝擊力道；而稍後又有賈勒德納（J. P. Cardenal）、阿拉伍侯（H. Araújo）《中國悄悄佔領全世界》，把中國運用金援、貸款和建設等換取第三世界國家的資源加以鉅細靡遺的勾勒，唯恐大家不知道中國已經悄無聲息的佔領了全世界。但這都沒有回到問題的癥結點上：所有的負面效應，都是西方人惹出來的。倘若不是他們的塵世急迫感促成資本主義和殖民主義的興起，那麼往後的「世變日亟」也就不會發生。其他兩系文化中人，基於圖生存和反支配的立場，只有走上援例力拚的道路，結果是大家即將玉石俱焚，無法想像可以在地球長久經營美生。

03 能趨疲前的掙扎

其實，大家都知道世界只有十分之一人口在獨佔豐厚的物質成果，卻又甘願迎合全球化更讓他們予取予求以維持福分享受於不墜，而絲毫沒有徹底逆向式的批判反彈（反要攀附驥尾而妄想得到同樣的好處），以至「現代世界秩序的歷史可以被視為西方資本主義強權們瓜分利益的歷史」這一赫爾德（D. Held）、麥克魯（A. McGrew）《全球化與反全球化》所指陳的，代價就是非西方世界的恆遭非理支配。因此，通稱的全球化，則無異是史旭瑞特（T. Schirato）、威伯（J. Webb）《全球化觀念與未來》所說的一個光譜兩端的權益分立：「對某些人來說，全球化意味著自由；然而對另一些人來說，全球化卻有如監獄。有的人認為它帶來榮景；也有的人認為它對發展中國家的貧窮難辭其咎。」至於中間地帶的次主動者，最後也都要臣服於資本主義以圖謀被零賞的幸福，而使得全球化的氣焰串聯高漲！

就全球化的推動力資本主義背後所隱藏的邏輯來看，它原來是西方人要藉以顯示在塵世的成就而圓滿一己的宗教信仰，但當它越演越烈到不可收手的地步，他們就會豁出去而不想止步，並且把別人拖下水一起承擔敗事的後果。此外，因為西方人所具強勢主導性不是他方世界可以併比，所以他們就反過來自我膨脹為上帝第二，不斷地摻雜於殖民行為中而高高在上的宰制著別人。還有資本主義的運作，表面上以自由貿易為名，強迫大家消費且不停供需，但實際上卻是為了成就西方人自己致富而獲得上帝救贖的榮耀；非西方世界中人莫名其妙被捲進去參與窮耗資源的行列，到頭來只不過是隻待宰的羔羊，完全成了人家跨國企業的犧牲品。現今由於耗能太快，生態危機嚴重，西方人又想出綠色經濟來唬弄人，自己仍穩穩的操縱著資本主義的過程，而相關的浩劫卻反要非西方世界中人來共業承受。顯然全球化的非止性勢必走向自我毀滅的道路，而它暫時的一些榮景假象，則不啻是能趨疲前的掙扎，終將要被第十篇所說重過清貧生活觀念所淘洗。

04 解脫的全面障礙化

當上述這點有待改觀前，我們還得明白一件事，就是只要心中橫梗著一個造物主，就會有意無意的演出一齣對不認同他所認同造物主的人實質性的壓迫悲劇。而這在絕大多數都有著同樣信仰的西方人那裏，更老早就信用出缺了。由於他們的宗教教義所示人因應回歸天國的對策中，已經隱含著（濁惡）塵世的必要唾棄，這樣信徒就毋須留戀塵世。而事實上，有很多這種信徒正是在無度榨取利用塵世的一切（西方長期以來極力發展物質文明，就是天國觀底下「不必珍惜塵世所有事物」心態的明證），導致現實生存窘迫的危機。而從另一個角度看，這類宗教要信徒懺悔尋求救贖所明陳的裏脅式籲請，形同是在暗示信徒得有一些積極作為，才能保證救贖的有效。但這跟前者同一理路，也就是都以塵世為生命的中途站，將它勘破、耗盡、甚至毀壞也不足惜！這麼一來，越後出的人就越無資源可用，也越深陷於不得久留的苦境中。這很明顯是過度自私的表現，結局不但無從想像後出的人還有生涯可以規畫，更不知道塵世一旦陷入死寂，是否就不再需要尋求救贖（屆時還有什麼可以作為憑藉呢）。

可見信仰上帝所無法避免的，就是對塵世的未能珍惜，以及在耗能愈陷愈深的情況下，必然會轉嫁於他人而造成各種各樣的殖民災難！後者是說，西方人把他者或異教徒視為非我族類，一方面既要馴服教化他們；另一方面又得嫌他們罪孽過深而恐怕被拖累，於是就將他們當作是妨礙救贖的阻力，而讓眾惡名都由他們來承擔。此外，西方人所耗能有一部分是藉為對他者或異教徒的支配；而這種支配，很顯然已經變成變相或加碼式的「恨其不能」或「借我成就」的替換工夫，導致能這般自恃的西方人個個彷彿著魔似的拉來他者或異教徒墊底，並隨時可以在不滿意的前提下將他們銷毀或棄置！因此，耗能就慢慢轉成控制手段，而分享者或耗能分攤者最終都要付出當人奴僕且無緣晉身到天國的代價。這樣不僅西方人自己能否成神都有問題，連非西方人想體證佛或依仁合道也都走樣失效了，解脫路上從此全面障礙化。

05 搬開絆腳石的最近期待

有障礙就要排除，這是再簡單不過的道理。但大家似乎已經忘了自己是誰，不只所有的行事準則都向單一文化傾斜，還有對西方內部有的少數自我痛責的聲音也充耳不聞，依然沾沾自喜的在荊棘滿布的全球化道路上盲闖。

好比新加坡前總理李光耀在一次受訪中表示，為什麼文藝復興在歐洲出現，而原本技術領先的中國卻緩慢下來、甚至停頓？那是因為傲慢、自滿的關係。如英國特使馬戛爾尼（L. Macartney）於一九七三年來到北京，帶著工業革命的精采成品，乾隆皇帝卻不屑一顧。大清皇帝告訴這位特使：「貴國所產製的東西，我們既不缺，也不需要。」中國為此一傲慢態度衰退了兩百年；而英美卻在這段期間奮力向前。這經由艾利森（G. Allison）、布萊克維爾（R. D. Blackwill）、韋恩（A. Wyne）《去問李光耀：一代總理對中國、美國和全世界的深思》的披露，只讓人覺得除了是李約瑟（J.

Needham）《中國的科學與文明》的翻版而了無新意，並且還不自覺的中了西方社會設局牢籠世人的圈套，因為中國傳統不是走這種發展科學與作資本主義的道路，而將來全世界也不可能再繼續忍受西化／全球化已然迷狂的壓力。因此，搬開這類自我惶惑眩目於別人成就的絆腳石，而盡力諫諍對方塵世急迫感的危及大家的生存，各自的解脫路才會清晰浮現而開闊起來。

第十六篇：生態災難是最新的解除對象

俞蛟《夢廠雜著》卷八〈謝雲〉條記乾隆三十六年春天，「上帝命鄧天君查海塘之劫」，到了七月，浙江蕭山白洋大潮兇猛，沖毀堤壩，「人畜淹斃十餘萬」，就是鄧天君忙碌了四個月的勞績。（欒保羣《百鬼夜宴——那一夜，我們一起說魂》）

01 人定勝天狂想曲

全球化來自西式的塵世急迫感所繁衍資本主義和殖民主義在找尋出口，早已深深愧對地球了，但它卻還不滿足，宛如一匹野馬繼續在狂踩地球潰爛的傷口！這理應要廣為激起大家的警覺，但事實上還沈醉於它片面榮景裏的人更多，導致被忽視的生態災難一再的重演，而人類的前途也日益增多不確定的變數。就像上面那個故事所暗示的，人不自我節制謹慎過活，而要等靈界干預時，那就是死亡的來臨。

死亡來臨了，而人還在塵世中掙扎，那解脫事就得無限延後，相關的痛苦煩惱仍要隨業轉生或積存在靈體前往的世界。這時「枉生於世」或「有辱此生」的遺憾會更困擾人。因此，想要改變這一不利的形勢，就還有一個更具震撼性的生態災難威脅要面對。

然而，受到的教訓不夠的人，卻依舊在做著「以水濟水，以火救火」式的美夢，諸如用科技拯救危殆、幻想有更多維空間存在可任由人馳騁擘畫營為，甚至不覺得溫室效應造成旱澇巨變有什麼不好（因為此地遭遇災殃可能帶給彼地蒙受福佑）等，這就自信太過，完全不在意一經縱容就會變本加厲壞事的後果，不啻是新世紀矯造的人定勝天狂想曲！

02 後遺症頻傳的警訊

這種狂想曲，普烈希特（R. D. Precht）《愛情哲學》著錄了一個盧森堡（M. Rosenberg）筆下的小故事，可取來類比：

好攻擊挑釁的狼遇到了溫柔又有同情心的長頸鹿，狼問長頸鹿：「你愛我嗎？」長頸鹿有些猶豫的回答：「不愛，我想我不愛你。」狼很驚訝：「什麼——你竟然不愛我？」長頸鹿吸了很大一口氣，接著嘆道：「現在我的確不愛你；不過等一下也許會改變，五分鐘後你再問我一次吧！」長期以來舉世耗能而自我致禍的全球性行動，就像狼和長頸鹿那樣，有人威脅求歡、有人半推半就，而讓地球成為彼此強行支配和抗拒反彈或終究順服的環境，無法避免導致現場一片狼藉！

大家對於這一現象，不但普遍視而不見，而且還常以賽局理論自許，不斷地相互勉勵要追隨全球化的腳止，否則就會被孤立而慘遭淘汰的命運。這都沒有注意到，擺在眼前的有資源枯竭、污染升級、環境惡化、食物危機、文化死亡、非人世界和爭戰陰影等嚴重後遺症難以解決。以至樂觀全球化是人類新救贖的一些言論，也就高調獨彈而狂想過頭了。

還在維護的人，大概都不知道已然存在的大範圍的開山造田、濫伐森林、開築道路，都改變了原有的生態，致使水土流失、氣候失調，一遇大雨，就出現大規模的洪水、山崩和土石流；再如草原大面積過度放牧，結果釀成沙模化，進而風沙肆虐，危及鄰近的農業、交通和人類安全。還有每天都有大量的農藥、化肥、細菌、醫療廢棄物、化學物質和放射性物質等，從成千上萬的工廠、大農場和城市排放而滲入我們的水源；而工業廢氣中硫和氮的氧化物溶解於水中，形成酸雨，落下後將地表水酸化，可能殺死湖泊裏面的所有生物；以及洩漏的汽油罐、污水池、城市垃圾場、飼養家禽家畜的排泄物、礦井殘渣、化糞池破裂、原油滲漏、農藥殘餘，甚至清除道路積雪所用的鹽粒等，這些都在點滴的造成地下水污染。要的話，波頓（I. Burton）、凱特（R. W. Kates）、懷特（G. White）《環境也是災害：你準備好面對了嗎？》和巴洛、克拉克《水資源戰爭》等還可以為我們開列更長的災害清單。試問這還像是能夠安心居住的環境嗎？它不就在傳達一個世界隨時會崩毀的警訊給我們？

03 靈界可能的介入仲裁

沒有被上述這些不堪景象嚇著的人，也許會連能趨疲危機都感到太過遙遠，但相關的生態災難卻不可能給人一切都會安然無恙的錯覺；尤其是一些規模較大的災難，如急性傳染病、地震、海嘯、颶風、饑荒和毒害等，早就隨時在一旁伺候，只要時機到了，就會狂捲來把大家的性命奪走。

總因有太多的人謀不臧，才導致天然變故一波未平一波又起。而這與其空泛無力的解釋為大自然的反撲，不如說是靈界的有意介入仲裁。它的可能性，已有西方早期上帝發動大洪水毀掉祂所造不肖子民而記載於《舊約聖經·創世紀》和中世紀鼠疫流行被視為撒旦作祟（說不定也是上帝的「傑作」）而著錄於許多典籍，以及中國傳統所見如干寶《搜神記》、洪邁《夷堅甲志》、袁枚《續子不語》、俞蛟《夢廠雜著》、蒲松齡《聊齋誌異》、郭則沄《洞靈續志》、楊鳳輝《南皋筆記》、李慶辰《醉茶志怪》和文瑩

《湘山野錄》等敘述大大小小天意裁定的劫難，可以為證。而當今盛傳的各災變現場（如南亞大海嘯）有冤鬼嚎哭和不相干動物被驅趕離去（如四川汶川大地震前夕有數十萬隻蟾蜍集體遷徙）等異象，也很能夠藉為想及靈界插手而不為無意性。

04 亡羊補牢不如源頭禁絕

靈界介入仲裁世人的貪欲敗德，無非是為了平衡生態。這中間容或有先放縱人類為非作歹而後才進場收拾的權力遊戲成分（不然很難想像有不少人會作出喪心病狂的事），但它不忍坐視生存空間遭受無度破壞的美意，仍然不可小覷。只是那些災難過後，健忘的人類很快又舊態復萌，馴致變故要一再的出現警示。可見有限的懲戒，還趕不上全球化荼毒蹂躪世界的速度，恐怕靈界也得再想想其他辦法才行。至於人類自己，如果不能在源頭禁絕犯錯為孽，那麼要等靈界來代為亡羊補牢，就有好戲可看了。

這並不表示當今沒有人反全球化，而是那些反全球化都不是徹底拒斥式，它只不過想從歐美強權主導的全球化中多分一杯羹，甚至要由自己來搞一套非西式的全球化，根本無益於大局的改善。同樣的，當今也不缺乏環保人士和團體，而是那些環保人士和團體都還沈浸在綠色經濟的迷夢中，它只會為虎作倀而不可能挽救什麼。

不信且看麥奇本《地球・地殏：如何在質變的地球上生存？》所紀錄的一幕：「我們在二〇〇九年十月親眼看到全世界的人一起為了保護環境而努力。世界各地的夥伴們上山下海支持這項活動。有獨木舟組成的船隊、自行車排出的車陣、人們在海岸旁手牽手的長長人牆……CNN將此次的活動定位成『地球史上最大規模的政治運動』。在這場運動中……有心參與的人只要留在自己的家鄉，運用網路、發揮創意，就會出現一加一大於二的力量……如果有人從外太空看地球，一定會看到某個下午，人類終於為他們所在的星球做了一點事。」大家將船、車和人都集合去支持環保運動，而且也把電視臺召來採訪、甚至還運用網路動員和宣傳等，這從外太空看會是美妙的畫面嗎？實在令人不可思議！如今所有的環保運動不像這樣先耗費資源和權充綠色經濟先鋒的又有幾希？至於那假惺惺倡議反全球化的人，在幫地球倒忙就更不用說了。因此，去全球化而不從源頭上禁絕，就會有亡羊補牢的戲碼演出而徒勞無功。

05 遠離災難好解脫

有個古希臘時的神話故事說到，天神宙斯為了懲罰獲得火種的人類，決心向人類施行報復，而命令火神創造美女潘朵拉下凡。宙斯給她一盒寶箱，裏面裝的是加害人間的災難和不幸，如貧窮、疾病、瘟疫、戰爭、天災和死亡等，可以使人類永不得安寧。宙斯再三告誡，千萬不能打開寶箱。潘朵拉最後無法控制自己的好奇心，終於打開了盒子，結果禍害人類的災殃一湧而出。驚恐之餘，她趕快關上盒子，所幸留下了希望。從此大地變得多災多難，但人類卻能歷經無數的災難而不屈不撓，乃因有一線希望存在。故事很能感動人心，倘若大家還想安安穩穩的走在解脫上，那麼這種「希望」倒是要好好保存而不宜一刻或忘。

問題是被西方人所理解的希望，卻是以製造更多的災難在陪伴它，這樣我們就無從想像還有什麼更好的希望存在。

因此，今後大家所需要的可能不是任何不切實際的希望，而是想辦法不讓災難發生，從此阻絕靈界的懲戒機制發揮效用，解脫路上才不會徒增倉皇的神色。

第十七篇：知識增時的態度

一位學識良好的醫生，他發表了一項舉世聞名的宣言，人不可能有「意識」這種東西，因為他已經解剖了許多人體，而從來沒有發現過人有意識。（波謙斯基（J.M. Bocheński）《哲學講話》）

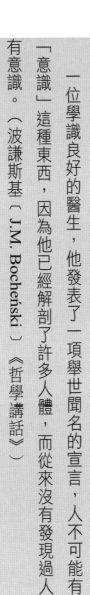

01 有知和無知的差異

能夠搬開全球化的絆腳石和解除生態災難，這樣離最終解脫就不遠了。而整個過程所會再遇到的，就只剩相關知識、倫理道德和美感等經驗如何輾轉挹注或增益促成解脫的問題。當中知識直接涉及對解脫事的明瞭程度和進取方向，可以優先討論。

大致上，知識是對事物的認知結果，有真假或是非或對錯可說。而它又有對象性知識、後設性知識和後後設性知識等形式（依理可以無限後設下去，但一般到第二度後設就足夠了。如「太陽系有九大行星」為對象性知識，「冥王星於幾年前被排除了，不再有九大行星」是後設性知識，「你關心冥王星為非行星，只不過是為了跟人家打擂臺，沒有什麼意義」是後後設性知識，到這裏已經可以看出知識形式的差異，不必再窮為後設顯能）。至於它跟智慧的關係，約略是知識在未能轉成可以解決人生世事的難題前，僅為一經驗形態；而在能轉成可以解決人生世事的難題後，則上升為智慧。因此，在面對解脫的課題時，人所具知識要起作用，就必須相應於成神／體證佛／依仁合道等解脫事的深切了解和踐行致力；否則就會跟沒有知識無異，終究扣合不了最後的解脫。

顯見有知和無知的差別，要看放在什麼脈絡，如果是放在解脫智慧的儲備上，那麼有知就是能驅使人迎向解脫而無知就是不能驅使人迎向解脫。正如前面那個故事所反襯的，一個醫生依他解剖人體的臨床經驗而否定了意識的存在，這在宗教學或靈異學很容易就可以根據意識是隨靈體離去而判定它不會留在已死的軀殼中，但對該醫生來說他卻篤信唯物論而要跟眾人唱反調，這麼一來他就無從思考自我現存的意識要怎麼接軌到解脫事上，因為那是「生生世世」都得面對的大難題。

02 分辨那一系的知識大有關係

既是為了解脫，那麼所要轉成相關智慧的知識，也得隨文化系統來作定位，才不致白使力氣或盲目投注，而造成解脫規畫實質的錯亂。這是說不同文化系統所形塑的知識不會一樣，倘若不試予分辨且能據行無誤，那麼結局很可能解脫不成反受它的危害。

就世界現存三大文化系統來說，創造觀型文化中所見的知識，向來都以仿效上帝造物井然有序和層次分明為旨趣，著重推理建置和探賾索隱，而經由資本主義和殖民主義的狂妄推銷，早已莫名成為舉世典範且遺禍無窮。相對的，氣化觀型文化和緣起觀型文化中所見的知識，一比照如氣的流動無意於精確性而僅以高度的涵括性面世；一則獨立創思往逆緣起脫困造境而超然於世，都跟前者迥異不類。

但這到了近代，後二系卻全惑於前一系的皇皇言說，不是自我壓抑不迭，就是處心積慮想要汰換體質而去迎合對方，導致原該各自循序互顯生命精采的，統統亂了套而從此不知解脫為何物（包括創造觀型文化一系因為凌駕得逞或風光過頭而遺忘了所應有的成神解脫在內）。好比創造觀型文化中人將他們的知識轉用於製造堅船利炮去轟開他方世界的大門而蠻橫取得支配剝削的主導權後，氣化觀型文化中人原不是同一個思路而無法跟進，就始終處於挨打的劣勢局面。值此存亡危急的時刻，誰都不忍看到國格淪喪和生靈塗炭，於是有改革家發出「師夷之長技以制夷」的籲請；有實務家另謀「中學為體，西學為用」的蹊徑；有新儒家力主「道德主體轉出知性主體」的生路，一片嚮慕西風的聲音響徹雲霄。結果是這些反制／仿效／融鑄外來文化等策略，胡亂演變至今，在西方強權主導的全球化浪潮下，海峽兩岸都被收編成為世界經濟體系的一環，再也沒有自主且可以說不的本錢或餘地。這長此以往，絕非自己和其他人類的福氣（詳見第十三篇），畢竟還是要導回舊有的道路而反致諍言以挽頹勢，破敗不堪的地球才庶幾可救！

03 知識增加的可能狀態

在一個嚮往解脫的人身上，知識理應是促成自己達到目的的催化劑，而當知識越多時就越見它的強力作用，但實際的情況卻又不盡是這樣。原來大家所抱持吸取知識的態度並不一致，難免會影響到它所能發揮的效應。

比如說，牛頓曾經自豪「我所以能看得這麼遠，是因為我站在許多巨人的肩膀上」，但這種可以望遠的本事，假如只集中在對苛細物的窮究，那麼尼采《權力意志》所說的「如果我們老是尋根究柢，那麼我們就會走向毀滅」或金格隆（F. Z ingrone）《媒體現形》所說的「要求凡事都須看得一清二楚的人，可能缺乏知識」，就會回過來反諷自己而無益於最末的解脫。更何況還有「知識只是權力的另一個名字。主流團體把他們的觀念、規範和對於歷史的自私解讀，都強加在別人身上」這一左派學者最常見的批判，在警惕著大家別過度自信所擁有知識的純粹性！因此，國學大家王國維的遺言

「人生過處惟存悔，知識增時只益疑」，毋寧是可以使人虛心以對知識的最佳楷模。

根據這一點，人的知識增加後，不是能夠更方便趨向解脫，就是反孳障礙而背離解脫。所謂「無論事情多麼誇張悖理，總有一些哲學家要堅持認為它是真理」、「倘若一件事是值得做的，那就是做壞了也無妨」，這些分別出自史威夫特（J. Swift）《格列佛遊記》和黎辛斯基（W. R ybczynski）《等待周末：周休二日的起源與意義》的言論，無異是後者懷抱來篡逆僨事的前奏，他們所用來增添慧黠或頑勇的知識，自然也中看不中用了。

04 用知識傲人的盲點

換個角度看，知識增加了，很可能會被援為鄙視他人的憑藉，而從此遁入自築藩籬的國度，再也不思長進！這樣所增加的知識只不過是多一項跟人較量的武器，並無關能否運用來直趨解脫。再說鄙視他人已先存驕傲的心，又怎會認真思考知識的實際用途及其所能助益解脫的訣竅？

中外歷史上，果真有不少這類人。而他們的狂傲，似乎也摻雜了自己的性向和時代的氣息（也就是除了喜歡自我高估，還容易受社會酷愛誇大風氣的影響）。好比東晉謝靈運說「天下才共一石，曹子建獨得八斗，我得一斗，天下人共一斗」、明末金聖嘆說「自古至今只有我是大才」、民初以來劉文典及魯實先分別說「懂《莊子》的人只有兩個半，一個是莊子，一個是我，所有研究《莊子》的人共半個」和「了解《史記》的共有三個人，一個是司馬遷，一個是我，一個還沒有出生」等，這莫不是自覺才大和亂世人擅吹噓等緣故下的演出，實不知它們在可供飯後談助外，還能帶給大家什麼解脫樣態的美妙示範！

又好比西方近代，康德（I. Kant）就大剌剌的發出豪語「我所了解的柏拉圖更甚於柏拉圖自己」；歌德也直言「我對《哈姆雷特》的理解比原作者莎士比亞更為深刻透徹」；而蕭伯納（G. B. Shaw）更對不接納他批評的柏格森（H. Bergson）說「親愛的朋友，我對你思想的了解比你自己要深刻得多呢」，這也是自視甚高又遇西方文明大躍進的激發，所自導自演的戲碼，都讓人看得很不服氣，而忍不住要詰問：「你憑什麼！」

用知識傲人，所憑的是「一隅之見」或「貌似通博」，自然不可能有充足的理由說服人（正如西方一些後起的哲學家所說的「我們不能聲稱比柏拉圖更了解他自己，我們只是了解的跟柏拉圖本人不同罷了」）。以至這裏就有一個進取上的盲點：當你目空一切時，學問就停止不前了；而有關需要不斷劈開榛莽的解脫，也就此等不到芟除手了。

因此，對一個懂得自制且奮鬥不懈的人來說，用知識傲人形同是在給自

己加上手銬腳鐐，他是不會輕易嘗試的。

05 轉解脫的關鍵

事實上，只要覺得自己的知識足以凌駕他人而又大言不慚形諸口說或書寫的，大概也接近瘋狂程度了，因為妄自尊大往往是神智脫序的表徵。就像尼采晚期暴得聲名後，不但所撰自傳《瞧！這個人》盡用些「為什麼我這樣智慧」、「為什麼我這麼聰明」和「為什麼我會寫出如此優越的書」等作標題來自吹自擂，還常在給親友的信中宣稱自己「一手掌握了人類的未來」、「從現在起我將統治全世界」而無限膨脹他的幻想，結果因走火入魔而徹底崩潰瘋掉了，最終僅享年五十六。在這裏並無意把此一個案普遍化，但凡是有類似情況的，要旁人不判定他已瘋恐怕也很難。

那麼知識增加又有什麼可寄望的？它是要用來分辨最近的解脫路和催促自我踐履的毅力，整體上才不致沒有意義和失去終極的價值。而這就得回到各文化系統現時困境的關鍵上，先作有效的自我定位，然後再強為開展相關的解脫理想。換句話說，創造觀型文化中人所信守「挑戰自然／媲美上帝」理念已見的負面效應，得轉成因應能趨疲危機而新救贖式的成神解脫為最切要；而氣化觀型文化和緣起觀型文化中人原崇尚「綰結人情／諧和自然」和「自證涅槃／解脫痛苦」信念卻自我退縮的，也得從新振作且積極介入對諍前系文化的縱欲禍世，而後自行去完成道地的體證佛和依仁合道的解脫實務。

第十八篇：倫理道德的跨世承擔

（某女天主教徒）抨擊家庭計畫和避孕習慣都是「人類避免人口膨脹的不虔誠方法」。她談到這個社會政策時說：「我們都不相信上帝，為什麼？上帝自有辦法控制人口啊！」我問她上帝如何控制人口。她回答：「戰爭、饑荒和疾病。」（波伊曼〔L. P. Pojman〕《生與死：現代道德困境的挑戰》）

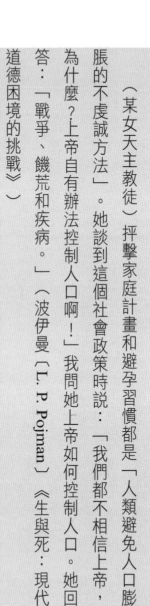

01 直通解脫路

李小龍的遺作《死亡遊戲》，片中有一句經典語「生是等待死亡的過程」。這很受一家電視臺的讚賞，曾在製作李小龍死亡密碼的專輯裏屢為標榜傳揚。其實，那是仿自德國哲學家海德格（M. Heidegger）所說的「人是向死的存在」，並沒有什麼新意。而所以要重提它，是為了藉它來反證生命不會只在一世完成。如果有人執意相信「人只有一生可過」而急於謀後，那麼他很可能會躁進壞事。

相索求於倫理道德的也是。本來倫理道德是直通於解脫路的，不論是成神還是體證佛或是依仁合道，都得從倫理道德的實踐來黽勉上臻；但人一旦把倫理道德設定在現世成就，那他所顧不及的靈體的延續性就會從背後向他「討更合適的活法」，而他還是冥頑不靈的任由缺漏伺機在孳生弊端！而從另一個角度看，人不能想到靈界的恆久性制約，有關虧負或變故的後果就得自己去承受。正如上面那個故事所顯示的，人類不謹慎「思前想後」而完善化行為，就會有靈界主宰進場控管；而該控管的手段只有一個，就是掃蕩致死（不計是透過戰爭或饑荒或疾病）！

就因為這個緣故，所以直通解脫路的倫理道德也就不盡沒有問題。實際想解脫的人，依然得認清它可能的致礙處而亟思有所調整排除，方能比較順利的達成願望。換句話說，這也跟知識增加要如何使力的情況類似，我們總得考慮怎樣讓倫理道德派上用場或新塑那種倫理道德更有利於最終的解脫。

02 重點在跨世承擔

芙秋《靈療．奇蹟．光行者：一個博士靈媒的故事》有段記載，說人在肉體終結後心性並沒有改變：「我開心地看著工作中的蘿絲．瑪莉，並且發現她跟靈體溝通的風格和我雷同。然而，當我問她『靈體』的事情時，她嚴厲地糾正了我的用字。『你稱他們為靈體，』她說，『可是我稱他們為人。』她當然是正確的。一個人儘管卸下了肉體軀殼，他的靈魂也依舊是人性的，而『靈體』這個字眼暗示他們不如人類。」到了靈界，祂們仍是「人」，只是少個房舍似的肉體而已，其餘都跟人活著時一樣思感。而這也顯示靈體的精氣形質及其自主性，已經不宜再由一般科學來獨霸論述；它得完全反向認定靈肉分離，而同意靈體自顯且有獨立運作的能力。這樣相隨的倫理道德觀念，自然就要跨世看待，才知所伸展的方向。

由於平常倫理道德的發用有特定時空的限制，很難讓人想及它跟最終解脫的質距，以至倫理道德「得在當下顯現」就成了大家心中牢固的觀念。殊不知放大來看，倫理道德的實踐倘若只求眼前的果效，那麼當它的情況「適得其反」時，就會回過來妨礙解脫的進行。

就像新近李承鵬《全世界人民都知道》所敘述一個發生在中國大陸的胡亂助人事件：有位老先生顫危危地拄著拐杖要過街，許多人擁上七手八腳地把他攙扶著往前走，老先生激動地想說什麼，但被他們打斷：「做好人好事是我們應該的。」

到了街那邊，老先生喘著氣指著他們罵：「我好容易過了街，就被你們弄到這裏來，過了街又被你們弄回來，今兒都第四回了，小兔崽子們還讓不讓我回家！」最後老先生終於氣喘吁吁的回到家了。太太驚訝地問他是怎麼回來的，他說：「我實在沒辦法，只好假裝摔倒在地大喊，都別動！誰把我撞翻的。那些人嚇得嘩地一下就不見了……」大家可以把這個事件當笑話看待，但別忘了這裏所見的「一便之仁」，已經害一個老人深恐再受它的折騰；而當事人的浮濫施予同情，也不僅冒犯了別人的尊嚴，還無益於自己在面對解脫事時知所援引經驗來因應，因為他們平時根本沒有儲備或磨鍊這方面的能力。

可見倫理道德得跨世承擔，而跟漫長的解脫路相頡頏；任誰輕忽了這一點，都免不了要在生死苦海裏無盡的掙扎！

03不能跨世承擔的後果

倫理，指的是羣體的規範，強調人際關係所要守的理則或法則；道德，指的是個體的品行，強調個體人格的行為尺度或規範。因為羣體的規範和個體的品行常相涉而無從截然分開，所以倫理道德也就常被合稱來泛指行為規範。而所謂跨世承擔，是指倫理道德要有跨世無虞的連續性效應。如果只重視今世的短期好處，那麼有意無意遺禍他世的苦果，就得由行為人併及他人一起來嘗受。

好比堺屋太一《世紀末啟示》所揭示的：一九七五年，世界拳王阿里（M. Ali）把轉播他拳擊賽的阿依達霍爾劇場的門票提高一美元作為捐款，獻給在非洲為解決乾旱困境的鑽井工程。原初阿里的善意受到了人們的讚揚，但幾年後卻發生意想不到的問題：很多游牧民定居在水井周圍，並飼養家畜，致使水井方圓三十公里內的草木都被吃得精光。因此，在被綠蔭覆蓋的西非獅子山中部出現了一塊圓圓光禿禿的地方，形成了來自撒哈拉大沙漠熱風吹向大海的通道。通道兩側本是濕潤茂密的樹林也變得乾枯稀疏，北部原就零星的樹林地帶竟成了沙漠。阿里本想拯救為飢餓和乾渴而痛苦的人們，結果卻事與願違，造成了更為嚴重的生態破壞。當今類似這種浮濫行善的例子又不知凡幾，總是令人慨嘆不已！而當這類非遠見濟助現象充斥在我們四周後，又會影響更多人跟著盲動，導致不曾被估計的後遺症一再的上演！

這所連結到生生世世的福分，就是你的方便行善，會造成自己的不方便穿越而以滯留抱憾收場：一方面你大意媒孽的禍端已現，遭殃的其他生靈都會齊匯向你討公道，而讓你無法每經一世必稱順遂（如同是沒有新歷世）；另一方面你的誤判情勢經驗可能會不斷重複，而致使你不論過了多少世都有如只一世。這樣你原不能考慮周到而跨世承擔倫理道德無違逆的，就得另外再承擔跨世倫理道德從你這裏出缺的罪名，雙重損失是跑不掉的！

04 修正的新取向

要改善上述這種情況，新的修正取向在於「無求不應，有求才應」。有關倫理道德的事，不是你主動去做了就會得點，還得看現實是否有求於你這麼做。例如流行歌手史汀（Sting）曾為亞馬遜河流域的原住民奔走呼籲，終於促成巴西政府允諾給一片保留地。但就在法令生效當天，跨國公司悄悄的跟土著達成砍伐森林和開採礦產的協議。而據說所得款項多被酋長挪為購買私人飛機、建豪宅和吃喝玩樂，很少用在族人居住環境的改善。像這種被乘機利用中飽私囊和傷害雨林的慘劇，就是多管閒事「無求有應」的結果。

此外，有求才應部分，還要看你能做到的程度，以及評估不會有弊端產生。萬一不幸產生了弊端，自己也得有本事善後且能負責到底；否則就是把弊端留給別人，形成更大的造孽和推諉等倫理道德漏洞！至於應要應到什麼地步，那就看個人的能耐和進趨解脫的願力如何而定，這就毋須多說了。

05 零負嘗試

照緣起觀型文化所示的解脫形態，是以無善無惡為基本憑藉的，所以它迥異於其他文化的行為規範，就是「不以倫理道德為倫理道德」，這多少會衝擊到本篇所談論的。但又不然！緣起觀型文化所要人到達最後目標前，還是有「慈航倒駕」渡眾善舉的律則。以至為解脫計議倫理道德跨世承擔的課題，也就不會有不夠普遍性的疑慮。

比較重要的是，倫理道德的跨世承擔究竟要維持在那種狀態最好，可有什麼準的依循？我個人的想法是這樣的：倫理道德發為善事行動，固然可以成就儒家式的仁聖美名，或者避免佛教所說的在輪迴時墮入惡道，或者一如基督教所崇仰的優先獲得救贖回上帝身邊，但問題真有那麼簡單嗎？根據經驗，行善未必會有善果。

好比「放生」的善行鼓勵商人捕捉野生動物來供人施放所造成擾亂生態

的惡性循環，以及高姿態的「施捨」金錢或物品所帶給人的心理負擔，而引發類似「春秋時代齊國人黔敖設食路邊，吆喝饑民來吃，偏有一男子不吃『嗟來食』而餓死」效應等，都是鮮活的例子；更別說還有上述阿里、史汀等那種幫倒忙所犯無法彌補的過錯了。因此，做個要行善就得沒有反效果或不良後果的道德零負人，還會是我們今後在解脫路上想走得穩健所要深為戒惕的。末了，則轉為期望欠償全無（沒有同情和被同情或沒有濟助和被濟助），而讓大家各自回歸尊嚴加被的最高存有境界（成就道地或積極式的道德零負人）。而這必須透過自勉勤學慎思和多方觀摩比較等途徑，才有可能逐漸趨入；此外大概沒有更好的方法了。

第十九篇：昇華美感為解脫生命的另一蘄向

德國作曲家史托克豪森宣稱，二〇〇一年九月十一日紐約世貿中心的遭到恐怖攻擊是「史上最偉大的藝術作品」。（丹托〔A. C. Danto〕《美的濫用》）

01 美感也要來軋一腳

知識涉及真，倫理道德涉及善，美感涉及美，這些是我們經驗的總合（有人還會加上宗教的聖）。但相較真善美所能給人的悸動和深刻印象，還是以美為優先。美是美感對事物直覺把捉的對象，它可以存在於事物的和諧性，也可以存在於事物的崇高性，還可以存在於事物的悲壯性，更可以存在於事物的滑稽／怪誕／諧擬／拼貼／多向／互動等各流派的前衛風格。至於美感的養成，則關係著人的心理、社會和文化等背景，已經難以通透釐清了。

對事物美的感受，既然在人的經驗中具有特別凸出的地位，那麼它跟人最終的解脫也就不可能沒有關連；只不過美感有泛泛性和非泛泛性的區別，必須找到足以解脫生命的昇華途徑，最終的解脫才能一併獲得保證。

好比前面那個故事所從事，把一場暴力災難的悲壯性視為美而加以推崇，這在某種程度上可以轉移大家的恐懼或哀慟情緒，毋乃有一種心理療癒的功能。雖然當事人的賞鑑方式曾被當作是「美的濫用」，但倘若沒有這一昇華美感過程，那麼人類就只能沈浸在那恐怖氣氛裏而無法自拔！

相反的，尋常對於一些走馬看花式的審美或僅能就某些機緣發出隨意的驚嘆，既輕率又缺乏深度，就談不上什麼奧妙或奇特，也終將無與於解脫目標的達成。

02 真善美比一比

比較可以用來佐助解脫的真善美經驗，所得摶為足夠判定進益順序的智慧，固然如前節所說不妨優先取美（為的是它能給人悸動和深刻印象），但這卻還沒有說明為何真和善就不能給人悸動和深刻印象，於是得再將三者著實的比一比，以便取義有則而有利於後續的談論。

縱使有人會認為知識在可以啟迪智能或倫理道德在可以感動人心時，也會有美感產生，如伊薩寇非（S. Lsacoff）《平均律》說牛頓的萬有引力如同一隻神話鳥飛舞於歐洲文化中（有稱讚它「美極了」的意味）、姜森（R. V. Johnson）《美學主義》引牛津大學教授佩特（W. Pater）回答學生問我們為什麼需要道德時說「因為道德是美的」等就是，但這全緣於代入或併激的結果，並非知識或倫理道德真有這種特性。

就以朱光潛《談美》所舉一個例子來印證：面對同一棵古松，植物學家想要分析它的品種，木商亟欲砍它做傢俱，畫家則會沈浸在它蒼翠勁拔的氣象裏。這所代表的知識、倫理道德和美感等三種經驗類型，表面上看似互有交涉，實質上卻是彼此難可通融。

也就是說，古松品種經分析所獲得知識的真和古松做成傢具可供使用所獲得倫理道德的善，都只是在利用古松，而不是在維護讚賞古松，自然也無從取代畫家對該蒼翠勁拔氣象的領受所獲得美感的（崇高）美。正因為有後者可以維護古松的實存價值，所以它在經驗的分辨上就有直取而不必經過轉折的優位性。

03 藝術和文學化的人生

非泛泛的美感，實際體現在藝術和文學的創作或欣賞中。這所感受到的美，曾被麥克奈爾（D. McNeill）《臉》說成「從蘇格拉底到偵探小說家錢德勒筆下的惡棍，每個人都為美而心折。古羅馬詩人奧維德稱美是『諸神的贈禮』，全世界的人都在追求美的魔力。美一直是道讓人猜不透的謎，它的光采奪目，使許多藝術家動容」而引發人跟著怦然心動！這並不是說藝術和文學不關知識或倫理道德的傳達，而是說藝術和文學在知識或倫理道德的傳達以外，最可寶貴的是它還塑造了美的形象，讓大家屏息以對或擊節嘆賞，從而遺忘或排解了人生的艱困和種種的苦痛。

有人活著是為了改變世界，有人活著是為了說故事或畫畫或演奏曲子。前者要改變世界，只能靠知識或倫理道德的力量（及其衍生的權力或武力），但它也可能破壞了世界；後者所在意的是美，它除了自己受用，也可以潛移默化他人，而帶大家一起昇華，世界不但沒有減損什麼，還會粧點更多東西。相傳小說家巴爾札克（H. de Balzac）的書房掛著一幅沒放畫的畫框，朋友問他原因，他說：「你知道嗎？我只要用一點想像，世界上任何名畫就會出現在那框裏了。」這連想像美的存在都已到此令人沈醉的地步，何況真實的美擺在眼前？因此，有了美，就能把世界維護得好好的，不必硬要改變它而又不免將它搞到千瘡百孔！

也許大家都會有米爾頓（J. Milton）《失樂園》所述「我曾希望當暴力停止，戰爭結束，一切即將美好……然而，我完全錯了，我發現和平的破壞力不亞於戰爭」這樣的感嘆；但光感嘆無濟於事，我們還是要從營造美中來提住自己的人生，不使它隨著一道陷落。正如佩特《文藝復興》所說的「詩的情感，或美的渴望，或為愛藝術而愛藝術，最具智慧了，因為當藝術呈現在你眼前的那一瞬間，它自然地給予你最高尚的特質」，我們只有透過藝術和文學化來高尚人生，這個世界才庶幾有此穩定力量而免於巨幅沈淪！而這對於個人的生命解脫，當然也是一大捷徑。

04 底定於意象和事件的技藝

藝術包括繪畫、音樂、建築、雕塑和舞蹈等，而由線條、色彩、構圖、節奏、旋律、造形和身姿等展現它的美；而這又可以類比於文學的意象和事件，讓文學在相當程度上予以統攝。換句話說，文學是經由意象（藉外在的事物來比喻或象徵思想情感）和事件（藉依時間先後次序敘述的事件來徵候思想情感）間接表意而給人審美享受的，它已自成一種美的典範，而為其他藝術所追躡仿效不輟。

比如中國傳統所見的王振鵬〈伯牙鼓琴圖〉和袁尚統〈寒江獨釣圖〉，就是在表現俞伯牙為知音鍾子期彈琴的故事和柳宗元絕句〈江雪〉的詩意；而西方早期如哈格珊多羅斯（Hagesandros）、波呂德羅斯（Polydoros）、阿泰諾德羅斯（Athenodoros）〈勞孔羣像〉和米開朗基羅（Michelangelo）〈大衛雕像〉，則是在詮釋荷馬（Homer）史詩《伊利亞特》中特洛伊城祭司勞孔父子遭女神雅典娜發動海蛇纏絞的片段情節和《舊約聖經》中大衛出戰巨人哥利亞前的心理狀態，都是先有文學作為模本的具體例子。

又比如西方近代音樂，像蕭邦（F. Chopin）〈敍事曲〉、白遼士（H. Berlioz）〈幻想交響曲〉、舒伯特（F. Schubert）〈魔王〉、莫札特（W. A. Mozart）〈費加洛婚禮〉和安德遜（L. Anderson）《愛爾蘭組曲》之一〈夏日最後的玫瑰〉等，就是分別受到密契維茲（Mickiewicz）的詩、莎士比亞（W. Shakespeare）的悲劇、歌德的詩、包瑪歇（P. A. Beaumarchais）的喜劇和愛爾蘭的民謠等作品的深契影響而譜出的，也都是「唯文學是尚」而不別為他求的鮮明例子。

我個人更愛聽到的是這類小故事：拮据一生的作曲家莫札特，有一天，朋友經過他家窗前，看到他正在跟妻子跳舞，不禁莞爾說：「真有情調啊，在家擁著妻子跳舞！」沒想到莫札特卻回答道：「家裏無法生火，太冷了，只好以最原始的方式取暖！」比擬於意象的跳舞節奏和旋律轉為流動的事件後，藝術和文學融成一體，那美就越發可感了。

05 從昇華美感到生命解脫

透過意象和事件等美感對象的營造，可以把解脫路上惱人的障礙以轉移的方式加以化解，而能順利的抵達目的地，這是美感介入生命解脫最基本的形式。此外，我們還可以致力於昇華美感而有所產出，以為解脫生命的另一蘄向。也就是說，專事意象和事件的創造以顯現智慧，也能將成神或體證佛或依仁合道的解脫形態以唯美式呈現，而自成一種超然凌空的範型。

所謂「一個社會沒有詩，就得死亡」、「會說故事的人，將統治社會」和「文學既不是一種快感，也不是消遣或娛樂，而是一件神聖的大事」等，分別為葛蘭姆（M. Graham）、柏拉圖（Plato）和卡西勒（E. Cassirer）等所說的話，這縱是有點議論過頭，但顯然都是深有見識的。想要另闢一條解脫路的人，除了這一昇華美感的作法，大概不會再有其他的途逕。

第二十篇：解脫後的解脫智慧

許多少年聚在一塊喝酒，同時還有歌妓陪坐。當中只有首座上的一位長者，鎖眉閉眼，規規矩矩地正襟危坐，不理會周圍的嬉鬧。酒會散後，歌妓向他索取酬賞。長者拂衣而起，生氣地說：「我根本連正眼都沒有看妳呀！」歌妓一聽，用手抓著他說：「眼睛看的算什麼？閉著眼睛想的才更厲害！」（潘游龍《笑禪錄》）

01 回看解脫路

人在解脫路上努力，終於能夠成就救世的神（而非害世的神），或者有所體證趨入真實的佛境界，或者做到徹底的依仁合道地步，甚至可以轉往唯美式的超脫去了，那留存的智慧接下來又該如何安置？換句話說，辛苦累積的解脫智慧，不會在實質解脫後一切歸空，它仍然在我們的魂識內等待另一度的啟動，而這又要怎麼自處？

事實上，所有眼見耳聞的東西，都不及我們思辨想像那般深具可塑性。就像上面那個故事中被調侃的長者，他即使對該歌妓想入非非也是沒人察覺得出來，卻又理中合有。以至我們也不宜看到本身似已有成，就欣喜判定實至名歸解脫了，因為再細想可能會發現實際上並未必。理由就在該解脫不過是階段性的演出，我們自己和旁人都會在事後別有期待或加責，而造成追後再解脫的影像又隱隱然在前面召喚。

在這裏，還有一個緣於命運或環境可能的試煉，讓解脫會更難以成就。正如有個折騰人的故事所徵候的：有位孝子向一個活菩薩求救，要求他施捨眼睛，作為醫治他母親的藥物，而這個菩薩毫不吝惜地把左眼挖給他。但那位孝子說：「你太快了，弄錯了，我是需要你的右眼，才能醫治我的母親。」這個菩薩聽了，遲疑一下，再把右眼挖給他。但孝子又說：「不用了，因為你有猶豫不捨的心，這個眼睛已經作藥不靈了。」

不論你再怎麼黽勉自矜，總會有阻力在考驗你智慧的成長。馴致有所應對不及的，就得重整出發；而一顆被揪亂的企圖解脫的心，也不再如設想的那樣容易安頓。

02 解脫了還要解脫

縱使所有的阻力都可以化解，而讓自己免去許多無謂的煩擾，也還有一個認定解脫如何可能的難題擺在眼前，實在不好自詡已臻致解脫極境了。尤其是在將要解脫卻又尚未解脫的關鍵時刻，那一判斷就更少有可靠的標準，最後只能暫且以「自我感覺到了」為依據，而把實際的果效留後再慢慢地回顧甄辨。

正是緣於解脫極境並非自己所能掌控，所以在約略覺察到解脫後還得再致力於解脫。這時解脫就是一個無限接續的過程，它永遠都得在時間點上成立而過後又向前推展，以尋求另一度的解脫。好比大乘佛教所屬中觀學派，在破除一般俗見的觀有（事物有實在性）後，以觀空（事物沒有實在性）逞論；而據此觀空後又得觀空空（空也要空掉），以至於無窮盡。這個說法，在體證佛的解脫上，就是要把所體證的也加以否定；而否定後再否定，沒有了時。其他兩系的解脫，也當這般看待，而使解脫事保持鮮活的狀態，始終有解脫停頓又趨前而無所止境的形式存在。

古代有個禪師，喜歡對人豎一指，以示他獨特的默照禪。而他有位徒弟，每當師父外出，換他接待訪客，他也仿效豎指回應對方的詢問。這件事被禪師獲悉後，禪師把他喚來，冷不防的抽刀剁掉他那根指頭。正當他痛得要哀號時，禪師又對他豎起手指，他一見，當下頓悟（不能哀號，否則就未證佛）。

在這個故事中，該禪師每一次豎指，就是一個階段的解脫（沒有起心動念）；而當別的情境又起，就得再豎指以示解脫，致使內蘊的解脫無有了時。同樣的，成神解脫或依仁合道解脫，也得如此前進不已，而難以奢想有終止的一天。

03 無盡期的原因

解脫所以無盡期，主要是有境變和心變的緣故。境變，是指外在環境隨時都在變動，而人在面對時自然會受影響，不得不採取相應的策略，導致解脫也要依境衍變而無法固守一處。而凡事不能這般變通的，那他就得膠著不化，自尋煩惱。

好比北宋理學家程頤，在一次跟哥哥程顥連袂赴宴，看見席間有歌妓陪酒，他當場就拂袖而去。隔天，他面帶慍色的數落留在宴席的哥哥。程顥說「昨天雖然有歌妓在，但我心中沒有歌妓；今天沒有歌妓，但你心中卻還有歌妓。」可是程頤仍舊不予見諒。不但如此，在他擔任侍講時，連皇帝折個柳枝，也遭受他的責備：「萬物正在滋長，不可無故摧折。」還有死了丈夫的婦人，為顧及生計而改嫁，他也力主「餓死事小，失節事大」而不肯施予同情。像這樣自以為理直氣壯的，其實也不過是「食古不化」罷了。恐怕到他人生終了，都還領悟不到自己有需要改變作法脫胎換骨一番；更別說他有什麼解脫典範可供人仰止了。

至於心變，是指主體心境也經常在易動，對於解脫事不大可能沒有「更新的蘄向」。而它在跟境遇相碰後，所起化學變化會更纏絞出奇，終至一度解脫後還有無數度的解脫在醞釀進行中。相同的，刻意把自己心變凍結的人，就有可能也一併忽視了境變，而一再的喪失可以尋隙解脫的機會。

好比南梁皇帝蕭繹的演出。當西魏兵進入樊城時，他還在龍光殿津津有味講說老子，讓百官穿著戎裝在那邊聽講。而後魏軍進據漢口，他去巡城，還一邊口占詩句，而羣臣也有唱和的。同時他又好整以暇的裂帛為書，催促敵軍快來。到了天明，聽聞城陷，他把古今圖書十四萬卷一口氣加以焚毀，還將寶劍拿去擊柱折斷，然後命御史中丞作降文，他則白馬素衣出城投降。有人問他為什麼要焚書，他說：「讀萬卷書，仍有今日，所以焚它。」最後還是被殺。這就是臨亂而心境未能跟著調整的著名例子（不思怎麼救國）。當事人固然不會甘願，但我們也無法為他不知繼續尋方解脫而少些唏噓！

04 想像解脫再解脫的樣貌

可見人在意識到已解脫後，還得再解脫，以應境變心變的不間斷觀，一直到自己沒有能力再分辨為止。只是這樣的期待解脫，而未能評估每一次第解脫的進階情況，卻又讓人擔心它終會流於無謂。因此，有關解脫的解脫，就應當是進益式的。換句話說，解脫不是同款不斷重複，它必須在進趨中都有添加東西，而使得愈後解脫都能有別於先前解脫，才稱得上是理想狀態。

當然，這種情況未必可以順利，但我們不妨想像它的可能性。也就是說，解脫既然是要無繫縛（直接趨入或達到目的後放下），那麼只要朝著這個方向去努力，該一次又一次的解脫還是能被我們所證驗。正如宗寶編《六祖壇經．定慧品》所說的「先立無念為宗，無相為體，無住為本」，這以無念／無相／無住為道地的體證佛的解脫，倘若人在此一心想著無念／無相／無住縱然沒機會再解脫，但一旦能不耽念自己已體證佛了，那麼他就會持續解脫下去。至於這究竟會怎麼收尾，那就無從計慮，而可以放它過去了。

同樣的道理，一度成神解脫或依仁合道解脫後，只要不耽念如此成就（否則一停滯就會妨礙後續的解脫），心就無所繫縛，從而自己可以再尋別為增益的解脫途徑，而屆時又不以再解脫為念，這樣就能連續解脫而不會有多餘的纏礙存在。

05 增上智慧

上述這種對待方式，可以稱作解脫的增上智慧。一般體證佛的增上智慧，以禪宗公案所示為例，那是要從捷悟中展現的。如道原纂《景德傳燈錄》卷十四所記載的「（唐朗州刺史李翱入山拜謁惟儼禪師）問曰：『如何是道？』師以手指上下，曰：『會麼？』翱曰：『不會。』師曰：『雲在天，水在缾。』」照理李翱此刻不宜有任何的思索請教，否則就體證不了佛而無力繼續往前進。爾後，他再遇到類似的擬議，因有上次經驗而知所應變，那他就能二度解脫了。依此類推，該增上智慧就是一次又一次轉進取得不耽念前行解脫的制高優勢而摶成的。

至如成神和依仁合道解脫的增上智慧，則是在相對的執有中不以先前的解脫成就為念，而轉益加經驗才有機會體現。因此，只要是停止於一次性的解脫成就的（而有所自滿或驕恣），他就生不出該增上智慧，甚至還會陷落重回凡俗。如果有人仿效人家解脫卻又不求精進而形同畫虎類犬的，那麼這更「等而下之」了。

不就有這麼一個故事：魔術師徒弟從師父那兒學來了某些咒語，他命令一支掃把代替他挑水。但他並沒有真正理解那些咒語，結果無法使掃把停下來，掃把不斷挑水，水溢出水缸，差點將他淹死。

這不但搆不上增上智慧，恐怕連一度智慧都還沒有沾到邊。

所謂解脫後的解脫智慧，無妨這樣定位；而知道援例齊備的人，他的生命自然就會走到最高品質的路上去。

······ NOTE ······

NOTE

國家圖書館出版品預行編目資料

解脫的智慧 / 周慶華作. -- 初版. -- 臺北市
：華志文化, 2017.11 面； 公分. --
(全方位心理叢書 ; 29)
ISBN 978-986-5636-92-0(平裝)
1. 修身 2. 生活指導
192.1 106017491

華志文化事業有限公司

系列／全方位心理叢書29
書名／解脫的智慧
書號／C329

作者 周慶華
執行編輯 簡煜哲
美術編輯 楊雅婷
封面設計 王志強
文字校對 陳欣欣
企劃執行 張淑芬
總編輯 黃志中
社長 楊凱翔
出版者 華志文化事業有限公司
電子信箱 huachihbook@yahoo.com.tw
地址 116 台北市文山區興隆路四段九十六巷三弄六號四樓
電話 02-22341779
印製排版 辰皓國際出版製作有限公司

總經銷商 旭昇圖書有限公司
地址 235 新北市中和區中山路二段三五二號二樓
電話 02-22451480
傳真 02-22451479
郵政劃撥 戶名：旭昇圖書有限公司（帳號：12935041）

出版日期 西元二〇一七年十一月初版第一刷

華志文化

華志文化